Als meus amics catalans

Índice

1.
La nación española que no pudo ser

Escribir sobre el proceso independentista catalán o sobre las relaciones de España y Cataluña lleva de inmediato a un repaso de una historia de mil años; más o menos los que se echa a la espalda el condado de Barcelona ya desde los siglos IX y X para dotarse de una orgullosa personalidad jurídica propia que hunde sus raíces en un pasado milenario mientras que España apenas puede apuntar a uno de quinientos. Como quien dice, una recién llegada.

Por supuesto, los nacionalistas españoles no se conforman con hacer arrancar su nación del episodio de los Reyes Católicos y, en muchos casos, buscan su origen mucho antes. Hay quien lo sitúa en la conversión de Recaredo, pues habiendo transitado este bárbaro del arrianismo al catolicismo, habríase así identificado con la esencia misma de España: lo católico. Porque, según estos patriotas, el catolicismo y España son como el yin y el yang, las partes de que está hecha toda dualidad humana esencial, la materia y el espíritu, el cuerpo y el alma de ese ser maravilloso que, andando el tiempo, había de asombrar al mundo bajo la forma de la Monarchia Hispanica y el Imperio español.

Otros, menos interesados en los cánticos religiosos y más en los clarines de la gloria, retrotraen el origen de España al Imperio romano, pues tanto Séneca como Marcial, aunque ciudadanos romanos, en el fondo de su alma eran españoles; como españoles serían los emperadores Adriano, Trajano y Teodosio. Este último quizá fuera el más español de todos porque, a su muerte, el Imperio se dividió en dos por primera vez, ya prefigurando la hispánica tendencia a la fragmentación. ¿Y qué decir de san Isidoro de Sevilla, que tanto hizo por la conversión de los visigodos arrianos a la verdadera fe de Cristo?

Hay acuerdo, parece que definitivo, en datar el origen de la nación española en torno a lo que los españoles llaman *la Guerra de la Independencia* y los ingleses *the Peninsulan War*, sobre todo en el momento culminante de las Cortes de Cádiz y la redacción de la Constitución de 1812, *la Pepa*. Sobre ello he escrito largamente en una obra anterior (Cotarelo, 2015). Digo acuerdo porque en ese episodio coinciden las dos columnas interpretativas de las dos Españas, la nacionalcatólica y la liberal: 1812 es la fecha, la de la nueva Constitución. En vano buscará el inquieto lector alguna referencia al Estatuto de Bayona (o Constitución de Bayona) de 1808 en algún manual de historia del constitucionalismo. Para esta disciplina, ese Estatuto no era una constitución española, a pesar de regir en España, porque era, en realidad, una carta otorgada por el rey José I, impuesto por Napoleón y, por tanto, francés; no tanto como los Borbones a los que sustituía porque los Bonaparte eran corsos, pero sí malquisto por las fuerzas patrias. Con ello no se demuestra que el Estatuto no fuera español pero sí que la historia del constitucionalismo es una disciplina patriótica, aunque no por ello más científica, ya que, por ejemplo, esa no-constitución española estuvo en vigor en las posesiones de América.

El recurso a la historia como campo preferido de Agramante tiene algunas fechas insignes sobre las que se han vertido ríos de tinta: la sublevación de Cataluña y la proclamación de la República por Pau Claris en 1640, año también del comienzo de la revolución en Inglaterra; la Guerra de Sucesión con el final de 1714, los Decretos de Nueva Planta en 1716; igualmente, las fechas que jalonan el resurgimiento del nacionalismo catalán en el siglo XIX, como una especie de eco del italiano y también del alemán, aunque más retirado: los juegos florales, la Renaixença (análogo al *Risorgimento*, de Cavour), el federalismo de Pi i Margall, las Bases de Manresa, la

Mancomunidad y el comienzo del independentismo en el siglo xx, después del último fracaso del 98.

Fechas, hechos, datos en los que no nos entretendremos porque se encuentran fácilmente en Google y cada cual puede valorarlos según su punto vista. Nuestro propósito aquí es intentar una interpretación de esa historia en el lado español, una filosofía de la historia de andar por casa, algo que nos ayude a entender el sentido del tiempo que nos ha tocado vivir en lo referente a la posible evolución de esa colectividad que a veces llamamos España y, a veces, Españas (Romero y Furió, 2016).

Parto del supuesto de que la pregunta por el ser de España está tan abierta como siempre. En los últimos tiempos, en especial a partir de la transición de 1975-1978 (y quizá sea esta una de las razones por las que arrastra tan mala fama), se ha insistido en que, por unas u otras razones, había acabado la especificidad española. El reino había dejado de ser diferente, entre otras cosas porque hasta esa conciencia de la *diferencia* que tan orgullosamente había esgrimido Fraga Iribarne cuando era ministro de Franco ya no constituía motivo de satisfacción. España se había incorporado al *mainstream* de la historia contemporánea. Solía decirse que el cambio a una forma de Estado de monarquía parlamentaria, como Inglaterra, la había puesto por fin en el común sendero de los países de Europa, pues España es Europa. ¿No?

Que sea necesario decirlo permite abrigar dudas. Si la *europeidad* de España fuera tan incuestionable, ¿para qué perder el tiempo celebrándola? En último término, por lo demás, si no se conseguía probar la pertenencia esencial del país a Europa, sí podía probarse la del país a sí mismo. España adoptó la forma de Estado de la monarquía parlamentaria, estilo Westminster, seguramente por influencia directa del mismo Fraga Iribarne unos años antes, en que nadie pensaba en los destinos del país cuando la dictadura terminara. Fraga había sido embajador en Londres y se consideraba a sí mismo como un Cánovas redivivo y continuador de su obra. Cánovas, a su vez, había copiado el sistema británico en la Constitución formal de 1876 y la material del turnismo. Las dos últimas restauraciones borbónicas, la alfonsina y la juancarlesca, tenían una faceta claramente anglófila.

Cada cual crea lo que quiera respecto al carácter de ese «ser de España», pero lo que está fuera de dudas es que ha sido tradicionalmente un factor actuante en la imagen que ofrece el país por dos claros bloqueos que rompieron nuestra relación con Europa, de cuyo mapa prácticamente nos borraron; dos decisiones tomadas en las alturas de las esferas dominantes (la monarquía, la Iglesia, la aristocracia terrateniente) que situaron al país enfrente primero y al margen después del acontecer ideológico, político y económico del continente europeo. Sin duda este es el motivo por el que, cuando se habla de la generación del 98, la palabra que siembra todo el discurso de arrepentimiento y lamentación es *Europa*. La historia de España, en la visión liberal, acabaría siendo la del lamento por la pérdida de Europa y la necesidad de reincorporarse a ella. Hasta el pensamiento más reaccionario, nacionalcatólico y ultramontano, predominante en el Reino durante siglos, acabó aceptando en la segunda mitad del XX que no había otra salida que el fin del mito del rapto de Europa y la reincorporación al continente europeo.

El primer bloqueo. La Reforma

El primer bloqueo fue la Contrarreforma, el Concilio de Trento, el faro que orientó la derrota de España. La Reforma fue un paso de gigante en la constitución de Europa como un ámbito civilizatorio emancipado, que rompía con el predomino de la Iglesia, afirmaba el sacerdocio universal de los creyentes y difundía el individualismo y, con él, la cultura y el comienzo del ascenso de la burguesía. Fue el triunfo del humanismo, el Renacimiento, la apología de la dignidad del hombre, de Pico della Mirandola. En su seno se dieron polémicas y controversias que han sido determinantes para la evolución intelectual del continente: disputas sobre el tiranicidio y el derecho de resistencia, sobre la predestinación o el libre albedrío, sobre la fe, la gracia, las obras; disputas que generalmente bordeaban, cuando no socavaban directamente, el monopolio católico sobre la cosmovisión europea heredada de la Edad Media; disputas sobre la unidad o pluralidad de los mundos, sobre la hipótesis heliocéntrica, sobre los milagros, la generación espontánea, el derecho de conquista, la ley divina y humana, la doble verdad, el discurso de las armas y las letras, las investiduras, la supremacía papal o imperial, etc.

De la Reforma salieron el escepticismo de Montaigne, el pactismo de Hobbes y el iusnaturalismo de Grocio y Locke, que configuraron el mapa intelectual europeo de aquellos años. En la Reforma se incubaron controversias sobre el derecho divino de los reyes o las relaciones entre estos y el Parlamento que luego desembocaron en revoluciones, como la inglesa de 1640 y, asimismo, en la Reforma se plantea el problema de la tolerancia y se encuentra la semilla de las declaraciones de derechos de los súbditos, como la también inglesa, llamada Gloriosa, de 1688. Tolerancia y derechos naturales del hombre son dos de los elementos esenciales de la filosofía de Locke que luego pasarán al espíritu de la Declaración de Independencia de los Estados Unidos y, de ahí, a la Revolución Francesa.

Al declararse España adalid de la Contrarreforma, se mantuvo al margen de aquellos fenómenos y desarrollos, que dieron sentido al espíritu de Europa: el libre examen, la difusión de las concepciones científicas. Aunque algunos de aquellos avances fueron iniciados por españoles, por ejemplo, la cuestión del tiranicidio en la obra del Padre Mariana *Del Rey y de la Institución Real*, mandada quemar por la Sorbona, en el país lo que campó a sus anchas desde el primer momento fue la Inquisición, celosa guardiana del credo católico apostólico y romano. Tanto que habría de luchar, como si fueran herejías, con versiones más suaves o alegres del mismo catolicismo, como el humanismo, especialmente en su vertiente más conocida, la del erasmismo, que llegó a ser influyente y tener gran difusión en España, en donde, sin embargo, fue necesaria la intervención especial del emperador Carlos para que no se lo considerara doctrina herética.

La Contrarreforma, el dominio de la compañía de Jesús, la Inquisición es la imagen misma de España en los años gloriosos del Imperio sobre el que no se ponía el sol. Tampoco la sombra del crucifijo, asimismo espada que sirvió para conquistar un continente entero a sangre y fuego para explotarlo después pero sin que la metrópoli llegara a una acumulación primitiva de capital como, sin embargo, sí se propició que lo hicieran los Países Bajos, Alemania y también Italia. La España hija de Trento sería un enorme imperio cuyos recursos iban a parar a otras partes, administrado por la Corona de Castilla, estado territorial y no marítimo, incapaz de defender adecuadamente sus posesiones de ultramar ni de garantizar la seguridad del tráfico marítimo, porque el dominio de los mares había pasado de portugueses y españoles a holandeses e ingleses y, finalmente, a estos últimos.

Esa España/Castilla sufrió en aquellos siglos un proceso de empobrecimiento en el que los historiadores suelen anclar el comienzo de la decadencia española, esto es, segunda mitad del siglo XVII, a partir de la Paz de Westfalia, que dibuja el nuevo mapa de Estados europeos a costa de España. Derrotados por primera vez los Tercios de Flandes en Rocroy, España no volverá a contar como potencia de primera magnitud ni ganará guerra alguna en Europa hasta el día de hoy.

Según juicios e historiadores posteriores, es en los momentos de máximo apogeo del Imperio español cuando cristalizan los elementos que posteriormente se conocerán como la *leyenda negra*, en término popularizado por Julián Juderías (2003), si bien parece que ya se venía empleando de antes. Según la conciencia nacional española, sobre todo la de carácter conservador y reaccionario, esa leyenda ha pesado siempre como una especie de conjura exterior de los enemigos de la patria para impedir que esta se desarrollara o recibiera un trato digno en el concierto de los Estados europeos. Este recurso a alguna variante de la *teoría de la conspiración* suele ser muy empleado por la mentalidad patriótica para dar cuenta de los fracasos colectivos que no quieren afrontarse con desapasionamiento. Es la *teoría de la traición* o de la *puñalada por la espalda* que sirvió para *explicar* la derrota de Alemania en la Primera Guerra Mundial. En el caso de España, la evidencia muestra que los elementos, los relatos que formaron el corpus de esa leyenda eran todos de procedencia española o de súbditos españoles: las *Relaciones* de Antonio Pérez, la *Brevísima relación de la destrucción de las Indias* de Fray Bartolomé de las Casas y la *Exposición de algunas mañas de la Santa Inquisición Española* de Antonio del Corro, bajo seudónimo de *Reginaldus Gonzalvus Montanus*. En otros términos, lo que los españoles llaman la *leyenda negra* es un cuerpo de información muy extendido en el extranjero pero que tiene su origen en la propia España.

Este asunto apunta a una característica indudablemente hispánica: la queja de los intelectuales y publicistas nacionalistas por la afición de otros intelectuales a hablar mal de su país en el extranjero. En realidad tal circunstancia se debe al hecho de que en la historia de España hay una figura muy conocida y frecuente: la del exiliado, expulsado del territorio, expatriado. Es verdad que esta condición no era infrecuente en Europa desde el siglo XVI hasta la actualidad: Locke tuvo que huir de Inglaterra y refugiarse una temporada en Holanda; Descartes residió en Holanda también; Voltaire se exilió en Inglaterra; Marx, en Francia y luego Inglaterra; Trotsky en Francia, Noruega y México. Alemania fue una auténtica fábrica de exiliados entre 1933 y 1945 o 1961, si se cuentan también los de la Alemania oriental, etc. Pero se trataba de momentos concretos, episodios excepcionales, mientras que en España la condición de perseguido y exiliado se ha dado sin interrupción desde la Contrarreforma hasta el día de hoy. Y esos exiliados en su mayoría se encargaron de diseminar información muy negativa para España, un país que había perdido su poderío político pero había ganado muy mala fama.

El segundo bloqueo. La Revolución Francesa

España también se cerró a cal y canto frente a las innovaciones aportadas primero por la Ilustración y luego por la Revolución Francesa. Sabemos que, en un primer momento del siglo de las luces, estas alumbraron también a la península Ibérica, si bien con continuos rifirrafes con la Inquisición. Las clases medias, la aristocracia, contaban entre sus miembros con muchos *afrancesados* y la dinastía de los Borbones mostró cierta tolerancia hacia los avances de la Ilustración, y hasta colaboró con ella importando muchos de aquellos de Francia, y Europa en general, desde las sociedades de amigos del país hasta las academias.

Pero, cuando los redobles de la Revolución comenzaron a llegar a España, la clase dominante se enrocó en la fortaleza del orden y la fe en defensa del trono y el altar y sus propios intereses. Conocido es el giro copernicano protagonizado por Floridablanca y la autorización y hasta el acicate a la Inquisición para que redoblara en su celo en la persecución de doctrinas peligrosas. España seguía siendo una hierocracia, un país gobernado por los curas seculares o regulares. Los curas y los frailes, que, según los ilustrados franceses, eran los que dirigían la vida intelectual española, y según Napoleón, años más tarde, también la sublevación de los guerrilleros fanáticos contra su ejército.

España retornó por donde solía, cerrándose a las influencias del exterior. Nada de enciclopedismo, racionalismo, materialismo, republicanismo y el resto de las ideas y doctrinas que la Revolución había difundido por todo el continente. Aquí no se tonteaba con la filosofía. Pablo de Olavide se las vio tiesas con la Inquisición y acabó en la cárcel por ser partidario de la *Enciclopedia* y tener amistad con Voltaire, si bien luego terminaría sus días reconvertido a la fe del Señor, como gusta a la Iglesia. Jovellanos, que vivía recluido en Gijón, alternaría momentos de gloria en Madrid con alguna estancia en el castillo de Bellver a causa de sus ideas avanzadas. Campomanes, el introductor de las sociedades económicas de amigos del país, cayó en desgracia en 1788 por intrigas de Floridablanca. Cabarrús, encarcelado entre 1790 y 1792, afrancesado como era, murió siendo ministro de José I pero, luego, con el regreso del absolutismo en 1814, sus huesos, desenterrados y arrojados al Guadalquivir, pagaron por él. El conde de Aranda, enfrentado a Floridablanca y bastante afrancesado a su vez, acabó sus días en el destierro en Jaén.

Los Pirineos habían sido la barrera natural que durante siglos contuvo a los musulmanes de invadir Europa y ahora eran la que impedía que Europa invadiera la Península con sus nefandas doctrinas. Entre medias estaba España, que a veces no sabe bien con quién identificarse, como podrá comprobar quien se haya acercado a la acerba controversia que sobre el ser y el quién de los españoles mantuvieron Américo Castro y Claudio Sánchez-Albornoz. Esa unicidad o especificidad española se acentúa en el siglo XIX, cuando los viajes de los románticos y sus creaciones literarias y artísticas, desde Victor Hugo hasta Prosper Mérimée, desde Manet hasta Berlioz, acuñan esa imagen de España como país exótico y oriental, tierra de fanatismo, embrujo y romance. Una idea predominante de España que sobreviviría en el siglo XX. Basta escuchar las composiciones de Falla o la pintura de Rosales para tener una intuición del embrujo moruno del sur del país, ese que enamoraría a algunos británicos, como Gerald Brenan, asombrado testigo de la Guerra Civil, o Jorge Apperley, pintor casi andalusí. Por no hablar del caso único de Ian Gibson, a quien su pasión por encontrar los restos de García Lorca lo ha llevado a nacionalizarse español.

Es verdad que, en las Cortes de Cádiz, los procuradores —un tercio de los cuales estaba compuesto por curas— llegaban animados por ideas francesas, y que algunas de ellas, como la de *nación*, encontraron encaje en el texto constitucional, con lo que este acaba siendo considerado como el documento fundacional del liberalismo español, el que se pedía restaurar en las no infrecuentes asonadas y levantamientos de carácter progresista a lo largo del siglo XIX. En su contenido, sin embargo, la Pepa no fue nunca una constitución verdaderamente liberal y mucho menos republicana.

Consagraba el carácter confesional católico del Estado español, que se ha conservado hasta nuestros días, a pesar de que la Constitución vigente de 1978 declara que el Estado no tiene confesión; y, sobre todo, instaura la monarquía en la dinastía de los Borbones. A partir de 1814, a su regreso a España y tras derogar la Constitución, Fernando VII, en el espíritu del *Manifiesto de los persas*, volvió al absolutismo. Tenía el apoyo de la Europa reaccionaria y legitimista del Congreso de Viena de 1815, excluida Inglaterra, apoyo que se materializó en el envío de los llamados *Cien mil hijos de San Luis*, mezclados con voluntarios absolutistas españoles al mando del duque de Angulema. Cuando, tras la sublevación liberal de Del Riego y otros destacamentos, se restableció la Constitución de 1812, el rey felón y descastado la juró con la famosa fórmula de «marchemos francamente, y yo el primero, por la senda constitucional», con la que se inicia el trienio liberal. Con la ayuda de las tropas de la Santa Alianza, Fernando VII volvió a reinar como monarca absoluto, habiendo abolido la Constitución y restablecido la Inquisición hasta su muerte, en 1833. Rafael del Riego, vilipendiado por el mismo pueblo de Madrid que antes lo había aclamado, fue ahorcado y decapitado luego por alta traición en la plaza de la Cebada de Madrid, a pesar de haber impetrado la clemencia real.

Ese segundo bloqueo y cierre de España a las influencias de la Revolución Francesa tuvo la paradójica consecuencia de que, de todos los países representados en el Congreso de Viena en 1815 para dibujar el mapa político de la Europa posnapoleónica, el único que no estuvo presente fue España, precisamente el país en el que Napoleón experimentó su primera derrota, avanzadilla de la que tendría en Rusia. En cambio, sí estaba Francia, la gran derrotada, representada por su ministro de exteriores, Talleyrand. En 1815, España queda excluida de Europa, es decir, se inicia el ostracismo del que se quejarán después amargamente los regeneracionistas y los del 98, y ya no volverá al seno del continente salvo en el breve lapso de los primeros años de la II República y en el último tercio del siglo xx, cuando, a la muerte del dictador Franco, el país ingresó en la Comunidad Europea en 1986.

En este segundo bloqueo se articuló ya la peculiar situación de un país dividido en dos corrientes intelectuales enfrentadas, la nacionalcatólica y la liberal y progresista, de las cuales la primera ha salido siempre tradicionalmente victoriosa. La cuestión de las dos Españas, que aparece ya mencionada en el famoso epitafio imaginado por Mariano José de Larra. «Aquí yace media España. Murió de la otra media» y que tanto juego ha dado, hasta convertirse en parte de la sabiduría convencional española a partir de los famosos versos de Machado sobre las dos Españas, una de las cuales hiela el corazón a la otra. Gran parte del debate intelectual que se ha dado después ha consistido en negar la vigencia de esta imagen cainita de las dos Españas, muy gráficamente representada en el famoso cuadro de Goya sobre el duelo a garrotazos. Y gran parte, asimismo, de lo que la realidad histórica ha traído desde entonces ha consistido en validar y dar consistencia a esa imagen. El gobierno de la derecha neofranquista de la X legislatura (2011-2016) por mayoría absoluta no fue otra cosa que una involución democrática a lo más retardatario y oscurantista de la tradición española.

La rama nacionalcatólica del espíritu identificó desde el principio a España con el catolicismo, tal como haría a lo largo del siglo xix el pensamiento reaccionario de Balmes y Donoso Cortés, y que finalmente se corona en Marcelino Menéndez Pelayo. España es la nación católica por excelencia. La orden que mejor lo representa y tiene su origen, precisamente, en las brasas de Lepanto es la Orden de Jesús o Compañía de Jesús, los jesuitas, uno de cuyos rasgos distintivos frente a las otras órdenes (y hay varios) es el cuarto voto, de obediencia al papa de Roma, además de los tres de las órdenes tradicionales: pobreza, obediencia y castidad. Peculiar es, también, el considerarse *compañía*, que además de una referencia familiar tiene otra militar. Cualquiera diría que para qué un voto especial de obediencia al papa si ya existe uno de carácter genérico que, sin duda, alcanza al romano pontífice. Precisamente para resaltar su carácter esencial y excepcional. Lo que aquí se subraya es que los jesuitas obedecen antes a san Pedro de Roma que a su señor terrenal, por lo cual nunca podrán ser buenos ciudadanos, y esa es la razón que se esgrimió generalmente cuando diversos países europeos del despotismo ilustrado los expulsaron, en concreto, Portugal en 1759, Francia en 1762, España en 1767, Nápoles en 1768. Ya lo habían sido con anterioridad en otras ocasiones en diversos países, como Francia, de nuevo, en 1594, Inglaterra en 1604 y Japón en 1615. Pero la culminación de esta actitud de exclusión habría de llegar de la mano del propio papa Clemente XIV a través del breve de 1773 de supresión de la Orden de Jesús.

Resulta absurdo, efectivamente, que un país deposite la esencia de su condición nacional en el catolicismo. Solo hay tres que lo hagan a igual alto nivel en Europa: Irlanda, Polonia y España y, dentro de España, el País Vasco. Y los tres acusan de un modo u otro la consecuencia de este extraño maridaje. Porque no es la unión del cristianismo con la idea nacional, sino del catolicismo. En efecto, esa diferencia es esencial y los católicos tienden a oscurecerla. Los países de la Reforma establecieron todos religiones del Estado. El principio sentado en la Paz de Augsburgo, de 1555, del *Cuius regio eius religio*, en el fondo era favorable a los protestantes, pues asentaba su punto de vista, aunque el emperador Carlos hubiera vencido en la batalla de Mühlberg. Todos los países reformados, luteranos, calvinistas, presbiterianos, anglicanos, baptistas, etc., tenían sus iglesias nacionales y sus jefaturas también nacionales. Es impensable un papa protestante. Al respecto, el protestantismo fue esencial en el establecimiento de los Estados europeos y sus conciencias, por así decirlo, nacionales.

España, engastada en su condición de imperio (o doble imperio, americano y europeo), opuesta al protestantismo, fiel hija de la Iglesia de Roma, no podía articularse en forma de Estado como masa territorial con un ámbito de soberanía porque pertenecía a la cristiandad. El fraile Campanella, veintisiete años preso de la Inquisición española, escribió su *Monarchia Hispanica* y, probablemente sometido al síndrome de Estocolmo *avant la lettre* para justificar el imperio español en Europa y su dominio del Mediterráneo, ya en la época en que ambos, imperio y dominio, comenzaban a flaquear.

La cabeza de la Iglesia de Inglaterra (la más parecida al catolicismo de las protestantes) es la reina. Algo así resulta incomprensible en el catolicismo. Pero la cuestión es, en este aspecto, esa: la nación española se identifica con una confesión antinacional. Y, se quiera o no, eso tiene sus consecuencias. La más evidente es que, aunque a lo largo de la historia de los tiempos modernos, desde comienzos del siglo XIX, el clero católico ha sido financiado por el Estado, de modo que puede concebirse razonablemente a los curas como una especie de funcionarios públicos, su obediencia no es a la suprema autoridad civil, sino a un jefe extranjero, con lo que es evidente que los curas no sirven al Estado que les da de comer, sino, al revés, ponen el Estado al servicio de la Iglesia y, como la Iglesia son ellos, lo ponen a su servicio, se suman a él, y a eso se le llama *hierocracia* o gobierno de los curas.

Efectivamente, la historia de España de la edad contemporánea es la de los curas. Antes la situación todavía era peor porque el país, en realidad, era una teocracia, como en los tiempos góticos, cuando los concilios de Toledo, reuniones eclesiásticas que tenían una evidente repercusión política y religiosa. Era la Iglesia la que gobernaba. Luego, en el siglo XX, cuando ya los conflictos institucionales se habían apaciguado, y la Iglesia se había confundido con el Estado, era el estamento clerical quien llevaba el día a día de la política del Estado ajustada a la de la Iglesia, pues en España, el trono y el altar han sido siempre inseparables. Como lo son ahora.

Un siglo XIX sin burguesía

Tres son los rasgos o ausencias más características de la España del XIX, que, a su vez, aparecen entrelazados: los derechos del hombre y el ciudadano, los *man's rights*, no enraízan en el país, como tampoco se forma un ámbito público, una *Öffentlichkeit*, y, por último, se desconocen y/o ignoran los avances de la ciencia de la época. Guste o no, España es el *backyard* del continente, un lugar al que los ilustrados, intelectuales, escritores y artistas viajan en busca de emociones fuertes en contextos exóticos, pero no en el que esperen encontrar a sus pares para algún tipo de debate o intercambio intelectual.

La falta de arraigo de los derechos humanos es patente. Durante el absolutismo fernandino, desconocidos, y en las décadas posteriores, postergados, solo reaparecen en la Gloriosa de 1869 y, por último, se quedan en la versión edulcorada de la Restauración canovista del liberalismo doctrinario y el sufragio censitario hasta el restablecimiento del sufragio universal con mayoría de veinticinco años en 1891. Por lo demás, ese *sufragio universal* que también se había proclamado en la Revolución de 1869 era exclusivamente masculino. En el conjunto del país no cabe considerar que la población fuera una suma de ciudadanos en cuanto titulares de derechos, sino, más bien suma de vasallos, de súbditos. No es un ámbito en el que uno pueda esperar el repentino acceso a la conciencia de los derechos humanos.

La ausencia de un ámbito público de discusión, la inexistencia de círculos o clubes, como en Inglaterra, de uniones o asociaciones, como en Alemania, o de salones y periódicos, como en Francia, hizo que en España no se desarrollara ese debate e intercambio burgueses que dan origen a las primeras formas de la opinión pública a través de la aparición de una prensa vigorosa. Son los rasgos de desarrollo de la sociedad civil o ámbito privado burgués en el que echa raíces la comunicación, que, andando el tiempo, se convertirá en un objeto de estudio muy amplio y hasta una ciencia.

Por último, la ignorancia de los avances científicos de la época, en parte porque el enclenque ámbito público era básicamente artístico o en parte por falta de competencia técnica para seguirlos con el imprescindible ánimo divulgativo, incide muy negativamente en el desarrollo de la burguesía, no solo desde el punto de vista espiritual, sino también material. La falta de familiaridad con los conocimientos científicos de la época, su evidente subalternidad frente a lo que se fabricaba en el extranjero, redundaba lógicamente en detrimento de la industria y el comercio, dos actividades que se desarrollan básicamente sobre avances científicos. A lo largo del siglo, por tanto, no se generó una auténtica clase burguesa, con capital fresco, formación suficiente y fuerza de voluntad para conquistar el mundo.

Estamos dando una vuelta más a un tema preferido de los españoles que, sobre todo, tienen una opinión muy pobre sobre sí mismos como agregación de individuos y como conjunto nacional o pueblo, dotado de una especie de realidad superior. El tema es el abierto por Jordi Nadal, discípulo de Jaume Vincens Vives, a mitad del siglo XX, con una tesis que gozó de gran aceptación en su momento, según la cual la peculiaridad de España era que no había habido una *verdadera* revolución industrial (Nadal, 1974) y, por tanto, burguesa, si por tal entendemos un cambio en la correlación de fuerzas políticas de forma que la clase media va a ascender desplazando a la nobleza. Mucha gente ha tendido a coincidir con la tesis de Nadal. La aceptación de esta en la obra de Tuñón de Lara hizo que se generalizara entre sus discípulos y, en general, en la historiografía de influencia marxista casi hasta fines del siglo XX. Posteriormente se han alzado voces que han puesto en tela de juicio los argumentos de Nadal y sostienen que todo es una especie de desmesura teórica marxista, que sí hubo una revolución burguesa (aunque fuera *sui generis* y bastante lenta) y que, en realidad, el país es perfectamente homologable con los evidentemente más adelantados que hay en torno suyo.

Es la vieja polémica sobre si España tiene alguna peculiaridad, si es diferente, a la que ya nos hemos referido, si es auténticamente *europea*. No hace falta pegarse con nadie sobre los rasgos y caracteres que desde la industrialización se atribuyen a los españoles. Hay teorías para todos los gustos dado que, en efecto, una de las aficiones más notorias de los intelectuales españoles es la de plantearse la esencia de España como un problema filosófico. Basta con reconocer que ese problema existe. Más tarde veremos si tiene solución.

En todo caso, España se mantiene al margen de los grandes avances científicos, que le llegan siempre de modo problemático y esquinado. La burguesía española, la clase sometida a la oligarquía y caciquismo como forma tradicional de España que denunciaba Joaquín Costa, no tenía carácter emprendedor ni iniciativa empresarial de tipo luterano o calvinista. Esa es la característica más importante de la burguesía española, que era española, pero no burguesía. No participa en la polémica sobre el utilitarismo y el darwinismo, por lo demás sutilmente vinculados. No sabe gran cosa de la teoría de la evolución, la selección natural ni los primeros avances del positivismo que terminaría el siglo impregnando el conjunto del pensamiento europeo y sirviendo en bandeja de plata una teoría justificativa de la hegemonía burguesa a base de concepciones típicamente evolucionistas, como la *lucha por la existencia* o la *supervivencia de los más aptos*. No se siguen las corrientes filosóficas alemanas ni los avances científicos. Ni siquiera quienes, por su posición, podían permitírselo entraban en contacto con los centros de debate de la época. Tampoco se relacionan con los descubrimientos franceses, ni con las nuevas ramas académicas, la antropología, la sociología, etc. Estas disciplinas, al igual que muchas otras, entran en el país como curiosidades e innovaciones del extranjero y España se acostumbra a la realidad de que las ideas, las innovaciones, los inventos, vienen de fuera. Aquí se traducen, se adaptan, se aplican con mayor o menor fortuna, pero no se producen. España es un país ideológicamente yermo desde el siglo XVII.

El país es tierra de desequilibrios y oscilaciones, muchas veces extremas, que los viajeros suelen atribuir a una España dada al enfrentamiento. En los demás países europeos una burguesía económicamente poderosa acabaría imponiendo las pautas del gusto y el arte, en sustitución de los estilos nobiliarios y cortesanos. La era victoriana en Inglaterra impondría el gusto burgués y acabaría configurando el movimiento de las *arts and crafts*. La poliarquía germánica aparecería unificada a través del espíritu *biedermeier*, que impregnaría la vida civil sobre todo privada. La regencia y el Imperio francés, un imperio cuyo emperador había sido primero presidente de una república burguesa, establecieron dos corrientes que prepararían el país para el predominio indiscutible del *art déco*. En España aparece como Modernismo, como estilo artístico y moda importados, y solo en Cataluña muestra una clara vinculación con una floreciente burguesía industrial y comercial, porque solo en Cataluña (y parcialmente en el País Vasco) es pujante, la burguesía. El resto del país sigue siendo una sociedad agrícola atrasada, organizada según relaciones de producción de influencia medieval.

El llamado «desastre»

¿Por qué este término, que tiene una clara connotación sentimental? Hay en él algo específico que nos ayuda a comprender aquel aciago fin de siglo en España, tras la ignominiosa derrota en la Guerra de Cuba, por donde el país y sus sectores pensantes comienzan a percatarse en el orden intelectual de lo que les ha ocurrido en el orden real.

Almirall recoge el discurso de lord Salisbury, el de las naciones moribundas a raíz de la Guerra hispano-norteamericana, y decide que ha llegado el momento de abandonarlas a su suerte. Las jóvenes y pujantes merecen su apoyo; las viejas y agonizantes, no. Justamente, es esa conciencia de que España camina hacia el desastre —intuitivamente percibido— lo que en parte enciende las imaginaciones cultural-nacionalistas de las naciones colindantes con Castilla y a ella sometidas tradicionalmente, Galicia, Euskadi y Cataluña. Andando el tiempo, en 1923, estas tres naciones darían lugar a la curiosa organización tripartita, Galeusca, que nunca llegó a despegar del todo. Aunque sí alcanzó cierto valor simbólico y todavía sobrevive, precisamente por ese mismo valor simbólico.

La segunda mitad del siglo XIX, bajo la influencia de la lucha de los alemanes y los italianos por constituirse en nación, generó un discurso nacionalista de carácter sentimental a la par que político que se extendió por el continente: el nacionalismo era el *Zeitgeist* tanto en un lado como en el otro, y en la justificación de la propia nación se desenterraron antiguos relatos sumergidos tiempo ha en el folklore, se mitificaron y sublimaron unos u otros episodios del territorio, se fabricaron relatos y narrativas heroicas. La burguesía quería ennoblecer sus orígenes y para ello echaba mano de lo que nunca falla: la formación de leyendas, los relatos de las epopeyas. Era tal la fuerza de este espíritu que quería ir a buscar la esencia de las patrias en sus oscuros pasados mitológicos, que se dieron casos de falsificaciones. Una de las más famosas fue la invención de los cantos de Ossian en 1760, una fabricación del poeta escocés Macpherson, que aseguraba haberlos compuesto sobre antiguos manuscritos en gaélico. La literatura sobre Ossian se extendió por todo el continente, en la poesía y la pintura, y tuvo mucha importancia en la formación del romanticismo como estilo literario y artístico. Uno de los primeros en poner en duda la autenticidad de la obra fue el gran publicista Samuel Johnson, pero, para cuando estudios más detallados ya habían demostrado la superchería, había habido críticos, creadores y poetas que llegaron a comparar a Ossian con la *Ilíada*.

Los ideales de la época querían que el alma del pueblo, el alma nacional, empezara a apuntar ya en la oscuridad de los tiempos más remotos, ofreciendo así una continuidad que trasladaría a la proyección en el futuro el mensaje de una misión aceptada en el pasado. Wagner puso música al intento de buscar el alma de la nación alemana en las antiguas narraciones mitológicas germánicas para desesperación de Nietzsche, que nunca pudo tragar el nacionalismo. Los italianos lo tenían fácil, buscando en los orígenes remotos de las civilizaciones del Lacio, cuando no de las desconocidas etruscas. Para los franceses *la France* surgía del brumoso mundo celta de la Galia.

En cuanto a España, su indómito cuanto oscuro origen celtíbero, prerromano, reemerge luego en la mitificación de la Reconquista como relato *nacional*, punteado por narrativas particulares de carácter legendario, como la batalla de Clavijo o el episodio sobre Guzmán el Bueno. Este último volvería a ser utilizado siglos más tarde con la misma finalidad justificativa en la fabricación nacionalista del franquismo, en el episodio del coronel Moscardó en el sitio de Toledo en 1936. La crítica histórica y literaria siempre ha señalado que el nacionalismo suele comprender esos elementos como constitutivos de su *conciencia colectiva*. Y no hay duda de que, a su vez, la construcción simbólica del nacionalismo gallego, euskera o catalán discurre por vías análogas a las del nacionalismo español. La Santa Compaña, el árbol Malato, El Conde Arnau, por citar las leyendas más conocidas en cada caso, son piezas esenciales de los relatos nacionalistas peninsulares no españoles.

Lo interesante del nacionalismo español es que tiene una doble naturaleza. De un lado, es un nacionalismo ordinario, como todos, un relato patriótico, que ensalza las glorias de la patria, las conquistas de la nación, las bellezas de sus paisajes y las hazañas y el valor de sus hijos; en definitiva, exalta el acostumbrado excepcionalismo positivo. De otro, sin embargo, ha articulado un largo lamento, una palinodia por la realidad de la decadencia imperial, y cultiva al mismo tiempo un excepcionalismo negativo con cierto regodeo enfermizo. Al arbitrismo del siglo XVII sucede luego el regeneracionismo del siglo XIX, en el que grandes ingenios, como Joaquín Costa (que ya reclamaba un «cirujano de hierro» para España), Lucas Mallada o Macías Picavea intentaron inútilmente idear sistemas, modelos, ingenios que sacaran al país de su aciago destino como Estado decadente.

El resumen es ese relato ambiguo, según el cual España estaba destinada a grandes hazañas y cotas en lo universal, pero una conjura siniestra, casi diabólica, una serie de traiciones y alevosías se lo ha impedido, manteniéndola injustamente postrada. La condensación de esa variante de la *teoría de la conspiración* o *puñalada por la espalda* es la expresión de la *anti-España,* un curioso enunciado muy frecuente en los discursos legitimatorios de la primera época del régimen franquista y que sigue emergiendo a veces, hoy día, en lo más granado de la carcunda patria cuando se trata de justificar algún nuevo fracaso del nacionalcatolicismo. Debe recordarse cómo el rasgo esencial del estridente nacionalismo español del bando fascista durante la Guerra Civil y la primera posguerra era que el Caudillo propiciaría el restablecimiento de la gloria española por *rutas imperiales.* El símbolo decisivo del nuevo empeño de los intelectuales falangistas y nacionalcatólicos del régimen de Franco, los Tovar, Ridruejo, Laín Entralgo, Calvo Serer, Pemán, etc., sobre los que volveremos en el último capítulo, era El Escorial, y por eso su revista teórica más significativa se llamó así, con concisión herreriana, *Escorial.*

Pero, por otro lado, confrontado ese nacionalismo español en su ambigüedad de positivo/negativo con el surgimiento de los nacionalismos periféricos, se ve obligado a desactivarlos a base de negar su propia naturaleza de nacionalismo, en un curioso proceso de descastado que quizá sea una de las peripecias intelectuales más peregrinas que quepa imaginar. El problema se origina en la relación entre el nacionalismo español y los no españoles que con él cohabitan en la Península. La pregunta obvia, aquella a la que el nacionalismo español no sabe o no quiere contestar o, cuando lo hace, provoca la irritación de los otros nacionalismos, es la de si se trata de una nación española (básicamente de raíz castellana) que coexiste con otros nacionalismos a los que se llama *periféricos* o si, en realidad, lo que se postula es un nacionalismo español suma del castellano, el catalán, el gallego y el vasco. En el fondo, esta última concepción coincide con la definición de un sistema en la teoría general de sistemas, según la cual un sistema es un conjunto distinto y superior a la suma de sus partes. Lo *español* sería así distinto y superior a la suma de sus partes castellana, catalana, gallega y vasca. Pero nos encontramos con que esto no es así exactamente, dado que, desde el principio, ese nacionalismo español ha aparecido identificado con una de la partes, la castellana. Habla la lengua de

Castilla, que es la que se propagó por América; su historia es la de Castilla; su cultura, la castellana; sus símbolos, los castellanos. Desde siempre fue Castilla el motor de este imperio que ha querido imponerse sobre las demás naciones peninsulares asimilándolas, aniquilándolas, anulándolas, extirpándolas y estableciendo con ellas una relación de carácter colonial.

Sin embargo, al encontrarse el nacionalismo español con los otros, el catalán, el vasco y el gallego, no puede sostener, a fuer de ilustrado, que se trate de nacionalismos inferiores o de segunda frente al hipotéticamente superior que es el español/castellano por dos razones obvias: primera porque este, según lo visto, es tan positivo como negativo; y segunda porque no hay modo racional y democrático de sostener que haya nacionalismos superiores o inferiores, ya que todos son de igual rango y merecen igual respeto. En consecuencia, el nacionalismo español opta por un discurso *antinacionalista* según el cual el pago por rechazar los nacionalismos periféricos como manifestaciones atrasadas de atavismos paralizantes consiste en predicar lo mismo del nacionalismo español. Se da así la paradoja de que el nacionalismo español es de los pocos, si no el único, cuyo rasgo distintivo consiste en negar su propia condición de nacionalismo. Nacionalistas —y, por tanto, demediados— en España son los otros, los catalanes, vascos y gallegos. Los españoles no son nacionalistas.

Que esto es falso se echa de ver fácilmente observando cómo quienes más presumen de su *no nacionalismo* son la punta de lanza en contra de los nacionalismos periféricos y en defensa de la unidad de la patria española. Un Felipe González que siempre sostuvo no ser nacionalista español (González, 2014) niega, probablemente con toda razón, el sentido de considerar Andalucía como una nación (Ibíd., 2015a). De ahí, sin embargo, pasa a negar el derecho de autodeterminación de los catalanes y a comparar su ejercicio con las deportaciones masivas de ciudadanos realizadas por Stalin (Ibíd., 2015b), es decir, pasa de una actitud razonablemente crítica a una especie de delirio propagandista.

Ya la permanente guerra civil del siglo XIX, antes de la pujanza de los nacionalismos periféricos, básicamente la Guerra Carlista, contiene elementos de raigambre nacionalista, hasta tal extremo que, entre ciertos críticos, era costumbre no hacer frente al nacionalismo como era, sino solo a la presunción de intenciones: el nacionalismo, venía a decirse y sigue diciéndose hoy día, es un armatoste defectuoso solo ya reivindicado por los carlistas. Lo cierto es que ese permanente enfrentamiento con el carlismo contribuyó decisivamente a imposibilitar la consolidación del liberalismo en España.

De este modo, en la dinámica entre el nacionalismo español centrípeto y los nacionalismos periféricos centrífugos por un lado y la evidente postración de España, trágicamente visible con el desastre del 98, se fue articulando en primer lugar la alternativa del nacionalismo catalán que luego se extendería a las otras dos naciones históricas de la Península, la gallega y la vasca.

El nacionalismo en el siglo XX

A partir de este momento ya no cejará la pugna entre Cataluña y España, que llega hasta nuestros días. El siglo XX puede ser leído en gran medida como el resultado de esta tensión siempre presente entre las dos formas de nacionalismo. Cabe distinguir cinco etapas en esta historia que explican mejor que cualquier otra cosa por qué, ya en el siglo XXI, el viejo relato experimenta un giro decisivo hacia la independencia. Estas cinco etapas son: *a*) la restauración; *b*) la dictadura de Primo de Rivera; *c*) la II República; *d*) la dictadura de Franco; y *e*) la transición posterior a la muerte de Franco.

a) En la Restauración (en realidad, la segunda Restauración, ya que la primera sería la fernandina), el nacionalismo catalán entra en el siglo XX con el ímpetu de los fenómenos señalados en el XIX: la Renaixença, las Bases de Manresa, la Mancomunidad catalana, el primer proyecto de Estatuto. Gran parte de la polarización política del país en la época viene dada por episodios catalanes: la Ley de Jurisdicciones de 1905, que sometía a la militar cualquier ofensa o menosprecio a las fuerzas armadas, debido a unas burlas al ejército publicadas en la revista satírica de Barcelona *¡Cu-cut!* Igualmente, los sucesos violentos de la llamada *semana trágica* de 1909, a raíz de la decisión del gobierno Maura de enviar reservistas a Marruecos, y que tuvieron como punto de mayor escándalo internacional el fusilamiento del anarquista Francisco Ferrer Guardia, se dieron en Barcelona. En un principio parecía como si el nacionalismo fuera a quedar oscurecido por el clima de enfrentamiento social entre la patronal y los sindicatos, en Cataluña, pues ninguno de los dos bandos tenía especiales proclividades nacionalistas. Pero reaparecería con fuerza en los años veinte, y en 1922, un año antes del golpe de Estado del general Primo de Rivera, Francesc Macià fundó Estat Català, un partido republicano e independentista que, con el tiempo, serviría de una de las bases para crear en 1931 ERC (Esquerra Republicana de Catalunya).

b) Durante la dictadura de Primo de Rivera, el nacionalismo catalán sufrió un retroceso. El dictador abolió la Mancomunidad y un intento de invasión armada dirigido por Macià fracasaría en 1926. Pero la presencia y actividad catalanas fueron una permanente constante y a ello ayudó, sin duda, que en el momento del golpe de Estado, el general Primo de Rivera fuera capitán general de Cataluña. Su decisión contó con el respaldo de la aristocracia del Principado y el apoyo de la burguesía, que suspiraba por el restablecimiento de la paz social, aunque fuera con métodos autoritarios.

c) Durante la República, esta fue acogida en Cataluña con el intento de establecimiento de un Estat Català, siempre de la mano del infatigable Macià. Ese intento fue desactivado gracias a la negociación de lo que después sería el Estatuto de Núria, al amparo de la descentralización que permitía la Constitución de 1931, que, muy cauta, establecía un *Estado integral*, cuyo misterioso significado hubiera quizá quedado claro de no haber sido aquel régimen brutalmente interrumpido por la fuerza de las armas. Durante la sublevación de las izquierdas en la llamada Revolución de Octubre de 1934, Lluís Companys proclamó de nuevo el Estado catalán dentro de la República española pero fue detenido y encarcelado junto con los suyos. El nacionalismo catalán había experimentado cierto auge con la aprobación del Estatuto, pero no pudo ir más allá, dadas las condiciones de la época, al haber sido suspendida la autonomía en 1934 y solo recuperada en 1936, coincidiendo con el comienzo de la Guerra Civil. A lo largo de esta, la presencia de Cataluña se hizo sentir decisivamente en todo momento, con los acontecimientos de Barcelona en mayo de 1937 o la *guerra civil dentro de la Guerra Civil*, cuando milicias anarquistas y poumistas de un lado y fuerzas del gobierno, de obediencia comunista, dirimieron sus diferencias a tiros en las calles. Un factor importante y significativo es que, aunque el nacionalismo no tuvo especial presencia durante el conflicto, Cataluña fue la única zona del país en la que operaron organizaciones trotskistas, que, de siempre, han tenido una clara orientación internacionalista.

d) Durante la dictadura del general Franco, el nacionalismo catalán —todos los nacionalismos en España excepto el fascista español— fue especialmente reprimido. ERC en el exilio se disolvió y no hubo partidos independentistas prácticamente hasta la transición. Hubo, por supuesto, algunos intentos de resistencia clandestina, siendo el más conocido el encabezado por Jordi Pujol, de poner en marcha un movimiento *nacionalista* financiado a través de Banca Catalana, una empresa que, andando el tiempo, y ya muerto el dictador, supuso el primer encontronazo de Pujol con la justicia, en aquella ocasión archivado. En todo caso, en ningún momento ninguna de las fuerzas de la clandestinidad, ya fueran nacionalistas o izquierdistas, llegó a suponer un peligro real para la dictadura.

El régimen del general Franco tenía dos objetivos muy claros, que afectan al modo en que la gente se adaptó a sus exigencias: exterminar el izquierdismo en España, mediante una sistemática política de terror, y, en segundo lugar, una política de homologación territorial (*Gleichschaltung*) que garantizara la unidad de los «hombres y las tierras de España», también aplicada mediante el terror. Ese terror se cebó no solamente en las actividades políticas clandestinas, sino también en las culturales de todo tipo. El conjunto del Principado se castellanizó. Se cambiaron nombres de pueblos, calles y hasta accidentes geográficos. Toda la enseñanza se castellanizó. No estaba permitido hablar en catalán en parte alguna y muchos vieron sus nombres Jordi, Ferran, etc., convertidos de grado o por fuerza en Jorge, Fernando, etc. Refugiado en los ámbitos familiares y privados, el nacionalismo conocería una notable resurrección con el fin de la dictadura, cuando dejaron de estar prohibidas las manifestaciones culturales y educativas catalanas.

e) Desde la transición de 1975-1978, el nacionalismo cobró renovados bríos. De hecho, estuvo representado en la Comisión Constitucional en la persona de Miquel Roca, como miembro de Convergència Democràtica de Catalunya, el partido fundado por Jordi Pujol. Dado que, además, otro de los ponentes, el comunista Jordi Solé, también era catalán, habrá de reconocerse que, así como el nacionalismo vasco se inhibió al no haberse dado cumplimiento a las exigencias que mantenía y, en consecuencia, estuvo ausente en el proceso constituyente, Cataluña tenía una doble representación, si bien por entonces ninguna de ellas era independentista.

La Constitución de 1978, en su título VIII, se postuló como el gran intento de encontrar un acomodo definitivo de los catalanes. La fórmula fue el Estado autonómico, que, en parte, reinterpretaba el «Estado integral» de la Constitución republicana y los rasgos de la descentralización de la República italiana a través de la Constitución de 1947, que distinguía entre «regiones de estatuto especial» y «regiones de estatuto ordinario». La idea del legislador venía a ser una especie de federalismo asimétrico. Pero como el término *federalismo* no encontraba recepción favorable, se optó por el de *Estado autonómico*. La interpretación más al uso, sin embargo, fue que, en realidad, dicho Estado autonómico era materialmente federal, aunque no lo fuera nominal o formalmente.

Celebrado en un principio como un gran éxito por la jurisprudencia y la politología, el desarrollo del título VIII nos ofrece una imagen y una clave de explicación de lo que ha sucedido en España en estos años en materia de organización territorial del poder. En verdad considerado de modo estricto en cuanto a la condición performativa de las normas, en la realidad el título sobre el Estado autonómico tenía algo de utópico, en el sentido de que, habiéndose aprobado la Constitución en 1978, regulaba un país que aún no existía. Ninguna comunidad autónoma se había constituido como tal, las primeras fueron las de Cataluña y el País Vasco en 1979, que habían empezado su andadura como entes *preautonómicos*. Cuando la Constitución regula los órganos de esos entes territoriales, no está muy segura de cuál acabaría siendo su estructura orgánica y, previendo que hubiera cuando menos dos tipos de comunidades, uno con competencia legislativa plena y otro sin ella, había unos u otros órganos; por ejemplo, se abría la posibilidad de que alguna comunidad autónoma careciera de asamblea legislativa porque, obviamente, se suponía que algunas no querrían la competencia legisladora plena. Véase cómo queda esto implícitamente claro en el artículo 69.5, en el que se regula la composición del Senado, cuando se dice: «Las Comunidades Autónomas designarán además un Senador y otro más por cada millón de habitantes de su respectivo territorio. La designación corresponderá a la Asamblea legislativa *o, en su defecto*, al órgano colegiado superior de la Comunidad Autónoma, de acuerdo con lo que establezcan los Estatutos, que asegurarán, en todo caso, la adecuada representación proporcional» (las cursivas son nuestras).

De hecho, en el desarrollo posterior de estos entes autonómicos ha habido diversidad, si bien en aspectos institucionales concretos. Unas comunidades tienen policía propia; otras, no; unas tienen radio y televisión; otras, no. Sin embargo, en el orden superior, en las competencias legislativas el espíritu con el que el país acogió la organización territorial del Estado consistió en generalizar la organización territorial más descentralizada a título igual para todos, en aquella fórmula de «café para todos» que se sacó del magín Manuel Clavero Arévalo, quien fuera ministro de Administración Territorial de la UCD en 1979. Esta expresión, con sus efluvios como de *catering* en un congreso de gente importante, resumía una convicción fatalista que subyace siempre en el fondo de la autoconciencia de los españoles: España es una tierra de reinos de taifas, es una forma básicamente dotada de fuerza centrífuga pero no centrípeta. Y así fue.

Tan intenso era ese espíritu igualitario por arriba que alguna comunidad, como la andaluza, buscó y obtuvo la equiparación con las otras comunidades que consideraba privilegiadas, esto es, Cataluña y el País Vasco, forzando la mano no tanto en el contenido competencial real de los organismos como en el procedimiento de llevarlo a cabo. La Constitución pretendía, en efecto, organizar el Estado autonómico en dos clases de autonomías (más y menos competencias) pero, temerosa de levantar las suspicacias localistas, establecía la diferencia en la forma de acceso a la autonomía. Aquellas comunidades que hubieran dado pruebas de ese espíritu nacionalista, regionalista, distinto en el pasado, podrían acogerse a una vía de constitución por la llamada *vía rápida*. Era claro que el legislador estaba pensando en Cataluña, País Vasco y Galicia, y por eso hablaba de comunidades que en el pasado hubieren plebiscitado estatutos, pero lo hacía a las escondidas. No obstante, Andalucía acabaría sumándose a la vía rápida. Ante las dudas, los nacionalistas andaluces apuntan al independentismo del líder Blas Infante, fusilado sumariamente por los fascistas al comienzo de la Guerra Civil. La derecha reprime siempre el separatismo con el máximo rigor. Por eso fusiló asimismo a Lluís Companys en 1940. Esta obsesión con la unidad de España quedaría dramáticamente de manifiesto en un documental sobre la vida de Juan Carlos I que, coproducido por TVE y la TV3 francesa, no se mostraría en España pero sí en el país vecino, y en el que el rey dimisionario cuenta que, en su lecho de muerte, el dictador, tomándolo de la mano, le pidió que «preservara la unidad de España».[1]

Estos hechos y, en general, la forma de acceso de todas las demás comunidades autónomas, dibujaban una microhistoria que pareciera dar la razón a los guardianes de la unidad de España, siempre temerosos del individualismo anarquista español. Se han escrito docenas de libros, más o menos sesudos, acerca de la dualidad terminológica que se abre en la Constitución, la dualidad entre nación y nacionalidad. Esos estudios interpretaban los frecuentes choques dialécticos que se dieron en el proceso constituyente de diversas formas, pero en la más habitual, la historia es la de que todos los pueblos de España quieren ser iguales y el país caerá en la anarquía. El peligro que tanto asustaba era que, abriéndose la mano desde el fin de la dictadura, la unidad de los «pueblos y las tierras de España» se disolvería como una barra de hielo al sol.

No es de extrañar, por tanto, que la intentona militar del 23 de febrero de 1981 se interpretara como un movimiento de rebelión de las fuerzas armadas, obsesionadas por la aparente deriva separatista del momento. Muy probablemente, la interpretación es una excusa que presentan los estamentos civiles de la derecha para imponer un retorno a la centralización, una especie de nueva *Gleichschaltung*. En todo caso, el resultado fue la aprobación de la LOAPA (Ley Orgánica de Armonización de los Procesos Autonómicos, el 30 de julio de 1982), una ley que la derecha de UCD, procedente del llamado *franquismo reformista*, recentralizador, consideraba imprescindible para tratar de uniformar los desarrollos autonómicos. Obviamente, el resultado de los temores de una clase política centralista y siempre asustada con la sedicente tendencia de los

1. «Juan Carlos I: "Franco me cogió la mano y me pidió que preservara la unidad de España"». *La Vanguardia*, 16 de febrero de 2016. Disponible en: http://www.lavanguardia.com/politica/20160216/302204993484/juan-carlos-i-franco-unidad-espana.html

españoles al fraccionamiento. La intentona militar vino muy bien para disfrazar el resultado de ese espíritu asustadizo de la derecha española frente a cualquier descentralización pero, como paladinamente reconoce en sus memorias el entonces presidente del Gobierno, Leopoldo Calvo Sotelo, él ya había anunciado esta ley en su discurso de investidura, justo la que fue interrumpida por los golpistas (Calvo Sotelo, 1990).

No cabe olvidar que la LOAPA, siendo una ley orgánica, salió con el apoyo conjunto del PSOE y la UCD. Este apoyo simboliza a su vez el giro socialista desde el reconocimiento del derecho de autodeterminación en Suresnes hasta su rechazo. Esto es, la LOAPA es el nombre que debe pronunciarse cuando en el debate político se pregunte dónde está el famoso derecho de autodeterminación de la izquierda. Pero la LOAPA, recurrida ante el Constitucional, quedó prácticamente desmochada. Eran otros tiempos y otros tribunales constitucionales. El actual Tribunal Constitucional, presidido por un exmilitante del PP, no tiene verdadera legitimidad para mediar en los conflictos territoriales y es bastante probable que hubiera dejado la LOAPA como venía.

A pesar del desmoche, el PSOE no reconsideró su actitud frente a la cuestión territorial española ni su olvido del derecho de autodeterminación. Al haber ocupado el poder con mayoría absoluta casi durante los siguientes quince años, pudo en cierto modo permitirse el lujo de orillar esta espinosa cuestión. Él mismo continuó siendo un partido centralista en el fondo, aunque nominalmente federalista. Ese federalismo nominal, en realidad no era otra cosa que una forma de disfrazar las diferencias de poder que se daban en su seno en función de unas estructuras locales —lo que la prensa llama las *baronías*— que tienen más de caciquismo tradicional que de federalismo. Este anquilosamiento es el que en buena medida explica el desconcierto del PSOE en su conjunto y del Partido Socialista catalán en concreto al resurgir con vigor las reivindicaciones independentistas en el segundo decenio del siglo XXI.

A raíz de la demolición constitucional de la LOAPA hubo una especie de explosión de estatutos de autonomía que terminaron de constituir el proceso autonómico, un proceso complejo, marcado además por las actividades violentas de una organización nacionalista terrorista, ETA, que, en realidad, era una excusa estupenda del nacionalismo español para no tomar en consideración el otro, el pacífico y democrático. Mientras suenen las pistolas, se decía en España, no se puede hablar de independencia. Pero eso era una falacia y un autoengaño: que no se hablara del nacionalismo no quería decir que este no estuviera organizado y actuando. En el caso del catalán era evidente. Cuando cesen la violencia y el terrorismo y se recurra a las vías políticas y democráticas, seguía diciéndose, podrá verse que en España es posible hablar de todo. Sin embargo, esta promesa también escondía un engaño, como se vería más tarde.

Por último, el terrorismo etarra fue apagándose y en el gobierno de Rodríguez Zapatero se procedió a su terminación y se inició un proceso de restablecimiento de la paz con justicia que todavía no ha concluido porque, por razones que no vienen aquí al caso, se ha estado boicoteando durante años. A muchos políticos de la derecha extrema, instalados en la comodidad de rechazar el terrorismo, no les interesa que este se termine definitivamente, porque ello los obliga a encontrar respuestas para las reivindicaciones soberanistas formuladas en términos democráticos y pacíficos, respuestas de las que carecen.

Como prueba, lo que vino a suceder en aquellos años. Coincidiendo con el declive de ETA, tomó auge la idea de fortalecer el autogobierno catalán, reformando el estatuto de Sau, de 1979. Se aprovechaba la coyuntura de que ambos gobiernos, el español y el catalán, estaban en manos del PSOE y el PSC. Surgió así el proyecto del Estatuto que Zapatero se comprometió precipitadamente a aceptar «como saliera del Parlament catalán». Precipitadamente porque no pudo cumplir su palabra, ya que el Parlamento español, por un lado, rebajó notablemente las aspiraciones catalanistas, y el

Tribunal Constitucional terminó la faena negando a los catalanes el derecho a sentirse y ser una nación.

Y desde ese momento empieza la etapa nueva del independentismo catalán, el que va claramente orientado al establecimiento de una República Catalana.

2.
El reñidero de los sentimientos nacionales

La nación es un sentimiento y pretender ahormarlo en una categoría suele ser inútil. No hay concepto que pueda abarcar el sentimiento nacional por la misma razón por la que ningún concepto podrá jamás dar cuenta del amor y, sin embargo, es un sentimiento universal que casi todo el mundo ha experimentado en alguna de sus múltiples formas. Eso puede observarse en todos los estudios sobre identidades nacionales. La propia idea de identidad nacional está plagada de dificultades. La primera de todas, que pone en relación un factor radicalmente subjetivo e individual con una realidad colectiva. Aunque por comodidad digamos que somos españoles, o catalanes, o italianos, etc., la verdad es que eso es falso. No *somos* de una determinada nación como *somos* altos, bajos, rubios o estrábicos, sino que nos sentimos de ella. No *somos* españoles o portugueses, salvo en el sentido limitado y contingente de los documentos de identidad; nos *sentimos* españoles o portugueses o catalanes. Y ese *sentirse*, como todo lo que no es estrictamente reductible a criterios racionales, es muy resbaladizo y complicado. En la mayoría de los casos, el sentimiento nacional se origina por la circunstancia del nacimiento en un determinado lugar. Luego hay disparidades notables que tienen cierta importancia en diversos aspectos sociales o políticos: hay mucha gente que, habiendo nacido catalana, no se siente tal, sino predominantemente de otra nación (por ejemplo, la española), y también hay mucha otra que no habiendo nacido catalana, se siente catalana. Y el ejemplo sirve para todos los países que experimentan movimientos migratorios.

El sentimiento nacional

La nación es un sentimiento compartido, una *comunidad imaginada,* como la llama Benedict Anderson (1991), en la línea de otros autores que han tratado de definir o describir entes espirituales colectivos, como Edgard Morin o Cornelius Castoriadis. La conciencia nacional, como todos los demás términos aplicados a colectividades, solo puede tener un valor metafórico. No existe una conciencia nacional como substantividad propia, igual que no hay *espíritu del pueblo* ni *conciencia de clase.* La conciencia es un atributo del individuo. La psicología es una ciencia cuyo sujeto es el individuo. No puede existir la *psicología de masas.* Ahora bien, que no se den estos fenómenos si no como metáforas no quiere decir que no se hagan notar, no incidan en la realidad y no tengan existencia en absoluto. La conciencia nacional es la conciencia que tienen los individuos de pertenecer a una *comunidad imaginada,* de pertenecer a un imaginario colectivo (Morin) o un imaginario social (Castoriadis). La conciencia nacional es un rasgo individual que, al interaccionar con otras conciencias nacionales individuales, forma una *nación,* esto es, el agregado de aquellas personas que tienen conciencia de ser de esa nación, de tener ese sentimiento. Esa conciencia no puede ser una realidad objetiva, material, como otras formas de la cultura, pero sí tiene una realidad intersubjetiva, que vincula a los individuos que la comparten y los lleva a actuar de una determinada forma que tiene efectos materiales. Como criterio es un poco tautológico, ya que, al reconocer que no hay más definición de nación que la puramente subjetiva, se acaba admitiendo que una nación es un conjunto de personas que dicen ser una nación. Aunque parezca una perogrullada, a veces hay que señalarlo: esto quiere decir que si una colectividad dice no ser de una nación o, al revés, una colectividad sostiene ser una nación, ambos pronunciamientos son inobjetables y lo único que se puede hacer con ellos es precisar sus aspectos objetivos, materiales, cuantitativos a la hora de tomar alguna decisión sobre ellos.

Con arreglo a esta definición, en España conviven varias naciones, esto es, varias colectividades dentro de las cuales una porción muy apreciable de ciudadanos afirma de aquellas que son una nación. Por razones obvias coinciden con los tres grupos en los que se conserva una lengua y una cultura propias, Cataluña, País Vasco y Galicia, mientras que el resto del Estado tiene una lengua y cultura castellanas. Por supuesto, aquí no seguimos la mencionada sentencia del Tribunal Constitucional, según la cual los catalanes no son una nación ni tienen derecho a llamarse así salvo a efectos folklóricos. A nuestro entender, esa sentencia es profundamente errónea e injusta, además de un error político de dimensiones colosales que es el verdadero responsable de la deriva independentista del nacionalismo catalán, pero no perderemos tiempo refutándola, sino que nos limitaremos a considerar la situación de hecho, según la cual en España conviven varias naciones, diga lo que diga el Tribunal Constitucional.

Con el loable fin de reconocer esta realidad y, al mismo tiempo, mantener la entidad *España*, se ha propuesto el concepto de *nación de naciones*. En sí misma esta idea, que muchos rechazan por absurda y estrafalaria, es perfectamente admisible, de igual modo que existen los conjuntos de conjuntos o los sistemas de sistemas sin que nadie considere que esté faltándose a la verdad. No obstante, el sintagma *nación de naciones* deja que desear por una razón distinta a su misma viabilidad como ente. Para ser efectivo el concepto tiene que postular una *nación española* que, como decíamos en el capítulo anterior, sea distinta y superior a la suma de sus partes, o sea, las naciones catalana, vasca, gallega y castellana. Pero este último concepto es insólito. Nadie habla de *nación castellana*, sino que se sustituye habitualmente por *nación española*. Y lo mismo sucede con la lengua que en ella se habla, llamada indistintamente *castellano* o *español*. Así puede verse en la edición del diccionario de Sebastián de Covarrubias que hizo hace unos años Martí de Riquer, dejándole su título de *Tesoro de la lengua española o castellana*. Y ¿por qué sucede esto que prácticamente invalida una formulación políticamente tan prometedora como *nación de naciones*? Por el hecho de que la nación castellana desbordó sus fronteras muy pronto y se impuso a otras colectividades que, sin ser castellanas, acabaron hablando la lengua castellana en función de la famosa observación referida al latín con que Elio Antonio de Nebrija iniciaba la dedicatoria de su gramática a Isabel I de España: «Siempre la lengua fue compañera del imperio, y de tal manera lo siguió que junta mente començaron, crecieron y florecieron, y después junta fue la caida de entrambos» (Nebrija, 1989: 109). Parece que la expresión no es enteramente del propio Nebrija, sino que este la tomó de otros autores anteriores, como Gonzalo García de Santa María, quien, a su vez, se habría inspirado en Lorenzo Valla, pero el significado de la expresión es siempre el mismo: la lengua es compañera del imperio (Fernández-Sevilla, 1974: 12).

Esta expresión, expuesta en aquel momento (la gramática de Nebrija se publica en 1492, fecha tópica de la culminación de la *reconquista* cristiana de España y descubrimiento de América), preanuncia en cierto modo una intencionalidad. Quizá embargado por la emoción del episodio histórico de la conquista de Granada, consciente o inconscientemente, el ilustre gramático halla un paralelismo entre el latín y su hija lengua romance, el español, en que las dos se aprestan a dar el salto allende sus fronteras naturales a la conquista de otras tierras y otros pueblos a los que civilizar, en el caso de los romanos, y/o cristianizar, en el de los castellanos. La lengua es el imperio y, efectivamente, así se impone en la mayor parte de la península Ibérica y en vastísimas extensiones ultramarinas, en América, en África y Asia. Es el imperio de la lengua castellana, que, sin embargo, conviene reiterarlo, no conquista todos los confines de la Península de origen, en la que se mantienen minorías que hablan otras lenguas romances (como el gallego, el bable o el catalán) o incluso no romances, como el euskera.

Así, llegado el momento, al parecer, de la *caída* del imperio y la lengua, tan sabiamente anticipado en la dedicatoria de Nebrija, forzoso es llegar a la conclusión de que el concepto de *nación de naciones* es o no justo según qué interpretación se haga de la posible sinonimia entre *nación española* y *nación castellana*. Y sus consecuencias, por lo tanto, serán muy distintas. De ser cierta la opción de que la nación española es la castellana y las otras son integradas pero no asimiladas, la escisión o secesión de las naciones no españolas será algo mejor o peor visto, pero perfectamente viable. De serlo la de que la nación española es la suma de las otras cuatro, la escisión de una de esas naciones, la que sea, supondrá el fin de la nación española. Y como no hay duda de que nada de esto está claro, es obvio que el actual contencioso entre Cataluña y España es el principal problema con que se encuentra el Estado español.

La distinción no es trivial. Mientras las tres naciones periféricas tienen lenguas propias, aparte de la castellana o española, la nación española es monolingüe. Habrá quien diga que esto no es decisivo pero, por el contrario, sí lo es, y mucho, a la hora de averiguar qué identidades nacionales son propias de qué partes del Estado. Como se sabe, porque los estudios de opinión y sondeos así lo certifican, esas tres naciones bilingües cuentan con porcentajes variados de población que dicen albergar una doble identidad (catalán-español, vasco-español, gallego-español), mientras que en la nación castellana tal cosa no se da, pues prevalece una sola identidad: la castellana, que es sinónimo de española. Esta diferencia hace que las relaciones entre los distintos sentimientos nacionales en España sean muy complejas por cuanto, por mor de la objetividad científica, los sondeos no preguntan solo por la doble identidad a catalanes, vascos y gallegos, sino que también lo hacen a castellanos, extremeños, murcianos o andaluces. Sin embargo, es evidente que los distintos gentilicios (*catalán*, *andaluz*, *gallego*, *extremeño*, etc.) no llevan aparejada la misma carga sentimental ni la misma dimensión identitaria.

Las relaciones entre España y Cataluña desde el punto de vista de la identidad nacional son las del solapamiento de dos identidades nacionales que cada vez se ven más separadas, cuando no antagónicas. La idea, compartida por muchos académicos, de que son posibles las comunidades con múltiples identidades no parece tener mucho futuro. Desde los años setenta del siglo pasado, en que empezaron a hacerse los sondeos sobre identidad nacional de los catalanes, el porcentaje de quienes se sienten solo catalanes y más catalanes que españoles ha ido creciendo, mientras que el de quienes se sienten solo españoles o más españoles que catalanes ha ido disminuyendo.

El sentimiento nacional es constitutivo de la identidad. Es interesante comprobar que en los estudios sociológicos se hace hincapié en la identidad nacional de los individuos extrayendo esta de su respuesta a la pregunta de cuáles sean sus sentimientos. En el caso de Cataluña, según una reciente encuesta de Metroscopia para *El País*, preguntados los catalanes por su identidad daban las respuestas que se aprecian en el cuadro siguiente:

Identidades nacionales en Cataluña

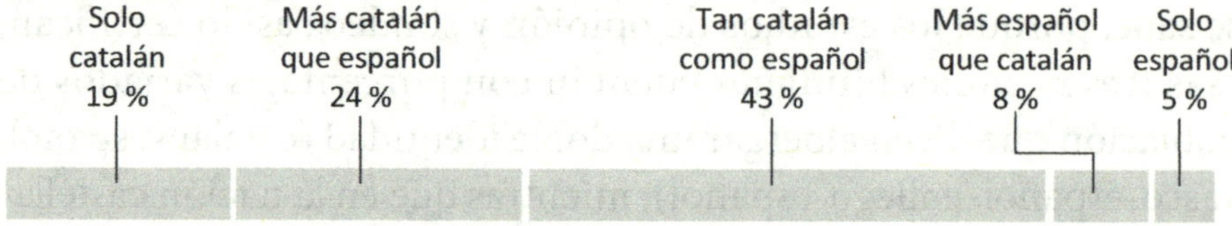

	POTENCIALES VOTANTES DE...							
	CDC	ERC	CUP	ICV-EUiA	Pod.	PSC	PP	C's
	cdc	esquerra	cup	ICV		PSC	PP	C's
Solo catalán	36	48	50	9	9	3	–	2
Más catalán	40	37	28	22	19	14	–	7
Tan catalán como español	21	13	20	62	60	60	49	61
Más español	1	–	2	–	6	11	30	19
Solo español	1	1	–	–	5	11	18	11

Fuente: Metroscopia

Los que solo se sienten catalanes y más catalanes que españoles llegan al 43 % de la población, equilibrados con quienes se sienten tan catalanes como españoles. Las otras naciones en el Estado también dan diferentes proporciones respecto a la doble identidad, generalmente la más reconocida, que, como veremos a continuación, oscila entre el 80% de Asturias y el 35% (la menor) de Cataluña. Con periodicidad, el CIS incluye en sus barómetros preguntas sobre la identidad nacional, pero lo hace de modo indistinto, no permitiendo comparaciones por comunidades autónomas. Los resultados del barómetro de diciembre de 2015, por ejemplo, arrojaban los resultados siguientes:

CONCIENCIA DE IDENTIDAD NACIONAL. ¿CUÁL DE LAS SIGUIENTES FRASES DIRÍA UD. QUE EXPRESA MEJOR SUS SENTIMIENTOS?

Se siente únicamente español/a	17,6
Se siente más español/a que (gentilicio C.A.)	5,7
Se siente tan español/a como (gentilicio C.A.)	53,2
Se siente más (gentilicio C.A.) que español/a	11,6
Se siente únicamente (gentilicio C.A.)	6,5
(NO LEER) Ninguna de las anteriores	4,5
N.S.	0,2
N.C.	0,7
(N)	(2.476)

FUENTE: CIS. Barómetro de diciembre de 2015, pregunta 18.
http://www.cis.es/cis/export/sites/default/-Archivos/Marginales/3100_319/3118/Es3118mar.pdf

Las diferencias entre el conjunto de España y Cataluña saltan a la vista: mientras que en España, la proporción de quienes se sienten solo españoles alcanza el 17,6% en Cataluña se queda en el 5%; en cambio, quienes se sienten más españoles que catalanes son el 8%, mientras que en la muestra española (de los diversos gentilicios) se queda en un 5,7%. Pero las diferencias más llamativas vienen a continuación: la proporción de quienes dicen tener la doble identidad igualada (tan españoles como de su comunidad autónoma) es del 53,2%, mientras que en Cataluña es del 43%, diez puntos menos. En cambio, la proporción de quienes se sienten más catalanes que españoles es del 24%, tanto que la cifra correspondiente en el conjunto del Estado es del 11,6%, casi catorce puntos por debajo. Por último, quienes solo se sienten catalanes llega al 19% en Cataluña (casi una quinta parte de la población), mientras que los de las otras posibles identidades nacionales en las demás comunidades autónomas no pasan del 6,5%. Es decir, el cuadro que presenta Cataluña en cuanto a identidades nacionales es prácticamente el inverso del conjunto del Estado. Y aun estas magnitudes inducen a error a poco que se reflexione en el hecho de que las preguntas no tienen el mismo alcance ni significan lo mismo para unos y otros habitantes de la Península, como decíamos más arriba. Está claro que un castellano entiende de modo distinto que un catalán la pregunta de si se siente tan castellano (o catalán) como español, pero este matiz posiblemente no haya modo de recogerlo por mucho que se afine en las preguntas de las encuestas. De hecho, en realidad, las preguntas por las identidades nacionales solo tienen pleno sentido en las tres comunidades con lengua propia.

Para tener una visión más completa de la especificidad catalana puede compararse con los datos desglosados de todas las comunidades autónomas, según un informe del Instituto Español de Estudios Estratégicos en relación con un estudio del CIS.[2] Hay algunas variaciones en los datos, pero todos apuntan en la misma dirección. Puede apreciarse cómo las tres comunidades con los mayores índices de población que solo tiene una identidad (la que el informe llama «periférica») son, por este orden, Navarra (52,9 %), el País Vasco (44,1 %) y Cataluña (39,8 %), mientras que las que tienen menores índices de dicha identidad son Murcia (1,3 %), Castilla y León (2,9 %), Castilla-La Mancha (4,5 %) y Asturias (5 %). Estas últimas podrían ser el corazón de la España profunda. En realidad, la

2. Instituto Español de Estudios Estratégicos, *Informe de resultados del X estudio del CIS: «Defensa nacional y Fuerzas Armadas»*. Septiembre de 2013.

diferenciación, por tanto, puede predicarse de estas tres comunidades autónomas, en las que existen mayores tendencias nacionalistas e independentistas. Nosotros nos concentramos en Cataluña porque es en donde este clima de opinión se ha concretado en acción política de forma más decidida.

Resumen porcentual del sentimiento nacionalista por CC. AA. (recodificado en tres categorías)

	Identidad española	Doble identidad	Identidad periférica	NS/NC
Andalucía	15,1%	69,5%	13,8%	1,6%
Aragón	13,9%	68,1%	16,7%	1,4%
Asturias	13,3%	80,0%	5,0%	1,7%
Baleares	35,6%	39,0%	20,3%	5,1%
Canarias	12,6%	62,2%	22,5%	2,7%
Cantabria	37,5%	46,9%	12,5%	3,1%
Castilla-La Mancha	36,4%	53,6%	4,5%	5,5%
Castilla y León	33,6%	61,4%	2,9%	2,1%
Cataluña	22,2%	35,0%	39,8%	3,0%
Valencia	38,7%	50,9%	6,6%	3,7%
Extremadura	22,0%	69,5%	8,5%	0,0%
Galicia	11,0%	72,1%	15,6%	1,3%
Madrid	39,4%	43,4%	8,6%	8,6%
Murcia	20,0%	77,3%	1,3%	1,3%
Navarra	2,9%	41,2%	52,9%	2,9%
PaísVasco	10,2%	38,1%	44,1%	7,6%
La Rioja	37,5%	43,8%	18,8%	0,0%
Ceuta	25,0%	75,0%	0,0%	0,0%
Melilla	75,0%	25,0%	0,0%	0,0%
Total	24,5%	54,5%	17,4%	3,5%

Fuente: Instituto Español de Estudios Estratégicos/CIS. Estudio E-2998.
http://www.ieee.es/Galerias/fichero/ESociologicos/2014/X_ENCUESTA_CIS_MAR14.pdf

La especificidad del caso catalán puede verse de un modo aún más claro si se cambia la formulación de la pregunta y se llega a un cuadro como el siguiente:

52 ¿Con qué frase se siente más identificado?			
Base: total entrevistas	1050	100,0	0,0
Soy un/a catalán/a que vive en Cataluña	512	48,8	48,8
Soy un/a catalán/a que vive en España	170	16,2	65,0
Soy un/a español/a que vive en Cataluña	208	19,8	84,8
Soy un/a español/a que vive en España	48	4,6	89,3
Ninguna de las anteriores/otra	103	9,8	99,1
No lo sabe	6	0,6	99,7
No contesta	3	0,3	100,0

FUENTE: Centre d'Estudis d'Opinió, *Enquesta sobre el context polític a Catalunya, 2015-REO 806*. Disponible en: http://ceo.gencat.cat/ceop/AppJava/pages/home/fitxaEstudi.html?colId=5649&lastTitle=Enquesta+sobre+context+pol%EDtic+a+Catalunya.+2015

Este cuadro aporta algunas novedades muy significativas respecto a la forma tradicional de plantear las preguntas en este territorio de las identidades nacionales. Interpretando los resultados en términos de la posible doble identidad, vemos que el *Catalan only* alcanza casi a la mitad de la población y, en definitiva, casi se solapa con la proporción de electores que el 27 de septiembre de 2015 se decantaron por el bloque independentista. La otra mitad se divide entre quienes tienen formas de doble identidad española-catalana o únicamente española.

Solo hipotéticamente podemos barruntar las razones de estas trayectorias divergentes, ya que no disponemos de datos específicos al respecto, sino únicamente de la variación de los porcentajes a lo largo del tiempo. Cabe sin embargo apuntar algunas suposiciones que puedan ayudar a entender este fenómeno que, en definitiva, viene a ser como la recuperación de una nación que, por utilizar términos hegelianos, lo era *en sí* (es decir, era nación objetivamente hablando) y pasa a serlo *para sí* (es decir, nación subjetivamente hablando). La larga historia de desencuentros y conflictos que se ha expuesto brevemente en el capítulo anterior permite colegir que en Cataluña se ha ido implantando poco a poco una conciencia de peligro frente al carácter avasallador de la nación española, que es vista como crecientemente hostil a la catalana. Estos rasgos se deducen de un examen de los continuos conflictos que, desde el origen de la autonomía hasta el día de hoy, han venido caracterizando la política educativa del Estado y de la comunidad autónoma, en especial en materia de inmersión lingüística. El agravio permanente del Departamento de Educación de la Generalitat era que el catalán estaba amenazado y en claro retroceso frente a la pujanza del castellano, cosa que ha quedado en evidencia con el manifiesto de los lingüistas catalanes sobre la necesidad de que en Cataluña haya una sola lengua oficial, el catalán,[3] cuestión a la que haremos referencia algo más adelante, al hablar de los sectores independentistas castellanohablantes.

Este conflicto externo se traslada luego al ámbito interno de los individuos. Con el aumento del conflicto entre Cataluña y el Estado, vivido como una confrontación entre la identidad nacional española y la catalana, la española será cada vez más difícil de mantener por el incremento de la presión social y una especie de entrada en funcionamiento de la espiral del silencio. A medida que las fuerzas independentistas vayan afianzándose y extendiéndose, los ciudadanos de la doble identidad tenderán a resaltar más la catalana, por más socialmente aceptada, y a soslayar la española. Esta situación de cómo vive la ciudadanía en la vida cotidiana los grandes conflictos políticos es el caldo de cultivo para que aparezcan después sociedades duales. Dada la trayectoria de tolerancia y multiculturalismo de Cataluña y la integración de los inmigrantes de otros lados de la Península, y dado también que el independentismo ha tenido el acierto táctico (y, seguramente, estratégico) de incorporar al movimiento a los catalanes castellanoparlantes en Súmate, es poco probable que en la futura Cataluña independiente se abran fisuras que puedan conducir a una sociedad con unos ciudadanos de primera y otros de segunda.

3. «Manifest del Grup Koiné a favor del català com a única llengua oficial», en *El Periódico*, 1 de abril de 2016. Disponible en: http://www.elperiodico.cat/ca/noticias/politica/grup-koine-manifest-catala-unica-llengua-oficial-5018986.

El ser humano en el mundo es él mismo aquí y ahora y el conjunto de su pasado que arrastra en la memoria. El sentimiento nacional se vigoriza con una determinada interpretación de la historia que justifica las posiciones que los ciudadanos adoptan cuando el acuerdo básico de convivencia y paralelismo de las dos identidades comienza a cuestionarse. Por eso, en el panorama del actual Estado español encontramos una justa, una confrontación entre dos nacionalismos, el español y el catalán. Ya hemos dicho que el español suele recurrir al ardid de sostener que no es *nacionalista*, pues da por supuesto que su convicción no es tal, sino la forma ordinaria que tienen las cosas al existir. Por otro lado, frente a él no se alza solamente el nacionalismo catalán, sino también los otros *periféricos*, pero por razones de economía nos referiremos solamente al primero.

El franquismo fue el último intento de la oligarquía tradicional española de poner en pie algo parecido a un Estado moderno pero conservando todos los privilegios de aquella. Fue un régimen dictatorial, totalitario desde el principio, disfrazado luego de meramente autoritario, genocida en su origen (pues despegó desde el principio con un programa para eliminar a todos los ideológicamente disidentes) y depredador de las culturas y lenguas no castellanas en nombre de un nacionalismo español hecho de bambolla imperial y corrupción, en un primer momento. A continuación vino vestido con un desarrollismo de pacotilla, en los años sesenta y setenta, siempre acompañado por la corrupción, que es un rasgo inseparable de todos los órdenes políticos españoles desde los Austrias, y llevado al paroxismo con los Borbones, corrupción que el PP ha elevado a la categoría de forma de producción *sui generis* específica del país, que, en efecto, sigue siendo *diferente*. Lo que no pudo hacer fue conservar la vigencia y el vigor del nacionalismo imperial con el que había comenzado su andadura en la posguerra. Esa corrupción intrínseca a la estructura misma del franquismo, en la que nadie creía en nada y los *valores* dominantes eran la insolidaridad, el egoísmo, la picaresca y el latrocinio, sin el menor respeto por ningún símbolo ni legalidad, fuera divina o humana, hizo imposible toda concepción colectiva de valores cívicos, por no decir orgullo de nación. Cuando Rajoy repetía que «España es una gran nación», estaba haciendo lo mismo que todos los políticos españoles hace siglos: mentir, decir algo que ni creen, ni pueden creer, salvo que estén literalmente fuera de sus cabales. En un mundo en el que hay países como los Estados Unidos, China, el Reino Unido, Francia, Alemania, países con los que España no puede compararse ni de lejos en nada, exactamente, ¿qué significa *gran nación*? ¿Puede considerarse *gran nación* una que es incapaz de garantizar un nivel de vida digno a su población y que obliga periódicamente a cientos de miles de sus ciudadanos a emigrar? ¿Puede considerarse *gran nación* una que es incapaz de recuperar un trozo de su territorio que está bajo la soberanía de otra y clasificado por la ONU entre los territorios pendientes de descolonización?

Con el fin del franquismo, se produjo un renacimiento y una vigorización de los nacionalismos periféricos, singularmente del catalán, mientras que, en paralelo, el nacionalismo español sufrió un proceso de desprestigio por su identificación con la dictadura. Esta se apropió de todos los símbolos colectivos y ahondó la confluencia entre el catolicismo y el nacionalismo español. Esa evidente pérdida de prestigio del nacionalismo español muy probablemente está en la base del empeño de sus cultivadores en presentarse como *no nacionalistas*. En cambio, el nacionalismo catalán ha progresado, se ha afianzado, ha impregnado la sociedad catalana y ha tomado la iniciativa política casi de modo ininterrumpido. Frente a él, el español, por el contrario, se ha estancado o incluso retrocedido, ha perdido casi toda su fuerza y no ha llevado iniciativa política alguna en ningún momento. Las relaciones entre los dos nacionalismos no pueden ser más asimétricas ni desequilibradas. El uno quiere conservar una monarquía caduca; el otro, construir una república vigorosa.

Izquierda y nacionalismo

Una de las cuestiones más interesantes en la historia del nacionalismo es la de su relación con las ideologías políticas, especialmente con el *cleavage* entre la izquierda y la derecha. Aunque la idea de *nación* en el sentido contemporáneo (esto es distinto del uso medieval) tiene su origen en la Revolución Francesa y designa la superioridad de una instancia colectiva, popular, frente a la soberanía real y, por lo tanto, acarrea un significado crítico e izquierdista, la posterior sacralización del concepto nacional mismo, su hipóstasis en el conjunto de referentes tradicionales por encima de las contingencias de las formas políticas, su confusión con la patria, la tradición, la excepcionalidad del pueblo elegido y su supuesta misión eterna, lo situó de lleno en el ámbito del pensamiento conservador y hasta reaccionario. Los militares y fascistas españoles que se sublevaron en 1936 contra el Gobierno legítimo se apropiaron de inmediato del término y pasaron a designarse a sí mismos como *los nacionales*, mientras que los otros eran *los rojos*. La fórmula fue un éxito de comunicación política, pues consiguió burlar los mecanismos de control y se impuso en los relatos y reportajes de la época: *Nacionales* contra *rojos*. La derecha ha aspirado siempre a identificarse con la idea nacional con el ánimo de coincidir con la totalidad hegeliana. Fue Hegel quien aseguró que «el todo es la verdad» (*Das Ganze ist das Wahre*), pero fue Adorno quien dio la vuelta a la propuesta con «el todo es la no-verdad» (*Das Ganze ist das Unwahre*), y esto último parece ser más acertado, sobre todo en la época de la posmodernidad.

En sus primeras formulaciones explícitas, en los casos del nacionalismo alemán (el de la llamada *Verspätete Nation* o 'nación retrasada' por referencia a su tardía constitución, en la segunda mitad del siglo XIX) y el italiano del *Risorgimento*, se daba por supuesto que la idea nacional y la grandeza de la patria estaban reñidas con cualesquiera formas de división nacional, ya fuera clases, partidos, religiones, etc. Para la nación alemana solo había alemanes, igual que solo italianos para la italiana. Si el liberalismo burgués había acabado con la división estamental y sus consiguientes privilegios, el nacionalismo, no menos burgués, debería acabar con la división en clases sociales y sus conflictos.

De ahí que, a pesar de su origen, la izquierda tuviera siempre una difícil relación con el nacionalismo, con cualquier tipo de nacionalismo. Desde los primeros momentos, aquella estuvo relacionada con determinadas colectividades sociales. Durante la Revolución Francesa, con la burguesía; a lo largo del siglo XIX, con las clases populares, los trabajadores, etc. Con la expansión del marxismo, la izquierda se vinculaba expresamente a la clase obrera, a la que consideraba el motor y sujeto de la transformación social. Su concepto básico era la lucha de clases, *dentro de la misma nación*. El enemigo del obrero alemán no era el obrero francés, sino el burgués alemán. Por ello, el párrafo final de *El manifiesto comunista* termina con una declaración de internacionalismo de los obreros.

Los obreros no tienen patria. Su patria es el mundo entero. La izquierda, por lo tanto, no puede ser nacionalista, so pena de traicionar su misma esencia. Sin embargo, esa traición se consumó un día de agosto de 1914, cuando las izquierdas representadas en los parlamentos alemán y francés votaron los créditos de guerra para financiar la masacre. En vano intentaron Lenin y los bolcheviques rusos, junto con otros grupos radicales, como los espartaquistas alemanes, bloquear la Guerra Imperialista, subvirtiéndola y convirtiéndola, según sus palabras, en guerras civiles de los proletariados contra sus respectivas burguesías. Las declaraciones de las conferencias de Kienthal y Zimmerwald no sirvieron para nada salvo para dividir el movimiento obrero. El nacionalismo era una fuerza muy superior a las adscripciones ideológicas de la gente.

A partir de entonces, la relación entre la izquierda y el nacionalismo ha sido tumultuosa y conflictiva. Lenin tuvo siempre una actitud ambigua frente a los movimientos de liberación nacional. Tratándose de Polonia, anexionada al Imperio ruso, sostenía que era tácticamente conveniente apoyar la lucha nacionalista polaca frente al corrupto Imperio zarista. No obstante, cuando el carácter del Estado cambiara y el Gobierno fuera una dictadura del proletariado, Lenin no veía ya razones para que hubiera movimientos de liberación nacional y, por lo tanto, tampoco para apoyarlos.

Durante la Segunda Guerra Mundial, la cuestión internacionalista no se planteó. Ya nadie quiso convertir aquella guerra en una civil del proletariado mundial contra la burguesía mundial. Las distintas izquierdas de los Estados combatientes los apoyaron en su esfuerzo por ganar la guerra en nombre de la propia nación contra otras, si bien la guerra en sí presentaba un aspecto próximo a una guerra civil de las izquierdas contra las derechas. Ya no podía sostenerse contradicción alguna entre la izquierda y el nacionalismo salvo desde un punto de vista tan dogmático como absurdo. Es más, en la plaza fuerte del movimiento comunista mundial, en la Unión Soviética, la Segunda Guerra Mundial (que había empezado, por cierto, estando en vigor un pacto germano-soviético) recibió el muy nacionalista nombre de *Gran Guerra Patria*.

Posteriormente, durante los años de la Guerra Fría y el proceso de descolonización de los años cincuenta y sesenta, el mundo se llenó de movimientos de liberación *nacional*. Esos movimientos estaban todos alimentados por la izquierda, desde América Latina hasta Asia, pasando por África. Tales movimientos de liberación nacional querían liberar a su país de la dominación colonial (caso de que la hubiera) y, una vez conseguida la independencia, orientar al Estado hacia el socialismo. Por supuesto, con sus peculiaridades en cada lugar: indigenismo, cristianismo de base, socialismo islámico, etc. Pero el denominador común era idéntico: el nacionalismo tenía tanto encanto para la izquierda como para la derecha. Es más, esos movimientos tercermundistas de liberación nacional se pusieron de moda en Occidente y en algunas sociedades capitalistas de las más avanzadas comenzaron a aparecer organizaciones de este tipo: intensamente izquierdistas, muy radicales, a veces con un recurso a la violencia revolucionaria y con tintes marcadamente patrióticos que, sin embargo, se veían a sí mismos como destacamentos nacionales de una gran batalla internacionalista. Así, la Rote Armee Fraktion en Alemania, La Cause du peuple en Francia, la Lotta Continua en Italia, el Frente Revolucionario Antifascista y Patriótico (FRAP) en España. Desengañados con el burocratismo de los regímenes soviéticos y en buena medida contagiados del romanticismo histórico del *pueblo en armas*, algunas de esas organizaciones iniciaron el recurso a la violencia a través de la lucha armada, que poco a poco fue imponiéndoles una deriva terrorista. En bastantes casos se trató de justificar este recurso a la violencia invocando la autoridad de Marx. ¿Acaso no había recomendado la adopción de una línea revolucionaria de empleo del terror cuando el fracaso de las revoluciones de 1848 le forzó a reconocer que su organización comunista no le llevaría a ningún sitio? No hace falta señalar que en todos estos casos, los experimentos acabaron en fracasos por cuanto pretendían transferir formas de lucha de unos contextos sociales y económicos a otros muy distintos. Es decir, no solamente no se daban las condiciones subjetivas para el movimiento revolucionario, sino tampoco las objetivas.

La relación entre la izquierda y el nacionalismo ha ido cambiando con el tiempo. En los debates sobre el independentismo hay una referencia permanente al nacionalismo. A veces se escucha que la izquierda no puede ser nacionalista porque es internacionalista. En el caso de España, suele ser un argumento de la izquierda española frente a la de las otras naciones, que tienen izquierdas independentistas. Se trata de una diferencia de perspectiva que no tiene mayor trascendencia desde el momento en que, se pongan como se pongan las izquierdas españolas, la izquierda en general mantiene buenas relaciones con el nacionalismo. No son óptimas, pero sí buenas, y ese argumento de que la izquierda no puede ser nacionalista por ser internacionalista no es cierto y tiene una fuerte carga demagógica, porque esa misma izquierda no solo es nacionalista, sino, llegado el caso, intensamente patriótica. Es suficiente con escuchar las melopeas teóricas de la izquierda estilo Podemos, que se inspira en las corrientes populistas latinoamericanas, todas ellas, por lo general, nacionalistas.

A veces los independentistas recurren a un dicho paradójico que refleja muy bien la situación cuando dicen que están deseando alcanzar la independencia para dejar de ser nacionalistas. Ciertamente, esta paradoja arranca de una muy generalizada convicción de que, en el fondo, el nacionalismo no es una posición o ideología gratas que apetezca mantener *sine die*. Muchas sociedades en el mundo alimentan el orgullo nacional de sus ciudadanos y el patriotismo. Los términos *nación* y *nacional* suelen tener buena prensa. Pero no tanta el nacionalismo. Y es lógico porque, si bien tenemos problemas para definir e identificar la nación, la situación no es la misma con el nacionalismo, que es la acción y efecto de la nación, es decir, producto del obrar humano. Y, desde ese punto de vista, el nacionalismo viene siendo aquella posición que subordina el juicio moral del individuo al supuesto bien común de la nación. Desde luego, quedar al margen del juicio moral, o sea, ser algo menos que un ser humano, no es cosa de universal agrado. Muchas veces la gente se hace nacionalista —como en el caso de los nacionalistas catalanes— para combatir una situación injusta que debe cambiar, para conjurar los peligros a los que se enfrenta el ser colectivo de la nación. Pero no quiere ser *nacionalista*; quiere ser independiente.

El nacionalismo se enciende y expande cuando se da una percepción colectiva de peligro o amenaza a la continuidad de la comunidad. Se ha dicho muchas veces que el nacionalismo necesita un enemigo exterior para prosperar y afianzarse. Determinados regímenes políticos autoritarios y directamente totalitarios han identificado de costumbre ese enemigo exterior con ánimo de ayudar a construir la nación amenazada por él pero con la finalidad de afianzarse en el poder. El nacionalismo no solo se da en época de conflicto pero sí fundamentalmente en época de conflicto. Y tampoco es obligado que ese conflicto esté instrumentalizado por una forma totalitaria o autoritaria de poder. Por ejemplo, el nacionalismo indio que acabó consiguiendo la independencia del subcontinente bajo la dirección de Mahatma Gandhi, había identificado como enemigo el colonialismo británico y ninguna de las dos partes del conflicto, India y Gran Bretaña, tenía rasgos autoritarios, ni mucho menos totalitarios.

En el caso del nacionalismo catalán, la identificación del enemigo exterior es sencilla: se trata de España y los españoles. Es cierto que, cuando se plantea este conflicto a las claras, los dirigentes españoles acostumbran a protestar que ellos no son enemigos de nada, que conocen y quieren a Cataluña y a los catalanes. Esto es algo que probablemente tenga relación con esa manía de afirmar que ellos no son nacionalistas. También ahora simpatizan con los catalanes y reconocen su deseo de hacer las cosas a su modo, de ser independientes. Pero eso son los dirigentes (y cuando están cerca de los micrófonos) y las gentes de izquierda. El resto del personal en su conjunto, la gente española en general, tiene una actitud marcadamente hostil hacia Cataluña. La catalanofobia no es una invención de Ferrer i Gironès (2000), sino una realidad cotidiana en España, que se agudiza en el ámbito deportivo, y sobre todo en el fútbol, y se palpa en las redes.

Esa confrontación de nacionalismos tiene un elemento dramático que no puede soslayarse. Desde el punto de vista del nacionalismo catalán, la aventura es la de construir un nuevo país en la epopeya del nacimiento de un nuevo Estado. Pero, desde el punto de vista del nacionalismo español (en sus dos extremos), esta circunstancia es dramática en sí misma, pues los españoles de hoy van a tener la curiosa impresión de quedarse sin país. Es fácil proyectar ambas situaciones en términos sociológicos con elementos literarios: una sociedad movilizada con unidad de acción entre el pueblo y sus representantes en las instituciones tiene una gran fuerza, es innovadora y posee recursos. En el fondo, el valor de este proceso sale del hecho de que se alimenta de la acción voluntaria de la gente. Las Diadas que mostraron al mundo la determinación y la fuerza de un pueblo las organizaron voluntarios y voluntarias. Como son voluntarias y voluntarios quienes mantienen el día a día del proceso, quienes lo publicitan, lo explican y lo llevan adelante. Igual que son voluntarios y voluntarias los catalanes residentes en el extranjero que se ocupan de dar a conocer el proceso en los diferentes países, de difundir información sobre él, apoyarlo y justificarlo y hacerlo presente en los medios de comunicación. Se valen para ello de la gran labor de diplomacia pública que hace años viene desplegando la Generalitat.

La sola presencia de los apoyos institucionales de todo tipo, las subvenciones, etc., no sería suficiente para poner en marcha un movimiento de este tipo. Basta con comparar lo que sucede en España con el nacionalismo español: subvenciones legales o ilegales a los medios favorables, cortapisas de todo tipo a los no favorables, compra literal con fondos públicos de todo tipo de publicistas nacionalistas españoles y catalanófobos, inversión gigantesca de recursos en todo tipo de propaganda y acción exterior del Estado, empleo de los aparatos ideológicos y represivos del Estado en contra del nacionalismo catalán y a favor del español y, sin embargo, escasísima, por no decir nula, movilización popular. Las manifestaciones en favor del unionismo español que de vez en cuando se convocan en Barcelona con gran profusión de medios y muchos recursos materiales nunca reúnen más de unos centenares de personas, generalmente envueltas en banderas borbónicas con el águila de san Juan, de empleo franquista. Y si esas manifestaciones se convocaran en Madrid, en donde hay una base social de apoyo al unionismo más clara, tampoco tendrían asistencia multitudinaria. La Fundación DENAES, en defensa de la nación española, vive de las subvenciones públicas y carece de toda relevancia social. Es impensable que en España se encuentren voluntarios para poner en marcha un proceso de reconstrucción del nacionalismo español. Y mucho más en el extranjero. La acción exterior de España en defensa de la nación española y para contrarrestar la ofensiva del nacionalismo catalán dispone del apoyo pleno de las instituciones, el Ministerio de Asuntos Exteriores, el Instituto Cervantes, etc., pero no cuenta con voluntarios ni tiene empuje ni relevancia. El Estado no consigue introducir su punto de vista en la agenda mediática extranjera como sí lo consigue el nacionalismo catalán. Esa es una receta segura para la derrota.

Aldeanismo vs. cosmopolitismo

Hay un ataque muy frecuente del nacionalismo español al catalán que básicamente puede sintetizarse en la aseveración de que si este nacionalismo se saliera con la suya, se trataría de poner en marcha una comunidad parroquial, una aldea atrasada, en la que se hablaría una lengua minoritaria frente a otra como el castellano, que es universal y cosmopolita. Cualquiera que tenga una familiaridad mínima con Cataluña y sus relaciones con España sabe que esto no es cierto y, posiblemente, hasta sea al revés. No en cuanto a la lengua, claro es, pero sí en cuanto al carácter de las dos sociedades, sus estructuras, sus modelos productivos, su impacto en la comunidad internacional. Cataluña está mucho más abierta al mundo que España. Resulta sorprendente cómo quienes reconocen que Cataluña es la locomotora de España en productividad, innovación, crecimiento, etc., sean quienes luego digan que la independencia la reduciría a la condición de una aldea mientras que España mantendría su envidiable posición en el orden internacional y su cosmopolitismo, cuando es exactamente al revés.

En caso de independencia, Cataluña es perfectamente viable como Estado y España sufriría una merma muy sustancial de recursos que pondría en tela de juicio no solamente su rango en el concierto internacional, sino incluso su misma viabilidad como ente jurídico-político, que podría ser clasificado como Estado fallido (Cotarelo, 2015).

Un caso concreto de esta disyuntiva es el de la polémica sobre las consecuencias de la independencia con respecto a la pertenencia de Cataluña a la Unión Europea. No existiendo precedentes de esta posibilidad, no hay normas que nos ilustren sobre aquellas, y su resultado, obviamente, tendrá que provenir de los acuerdos políticos a que lleguen las distintas partes. La perspectiva según la cual, con la independencia, Cataluña saldría de la Unión y no podría volver a ingresar porque se lo impediría el veto de España es todo menos evidente. No está claro que Cataluña tenga que salir de la Unión a causa de la independencia ni está claro que España pueda permitirse vetar su reingreso en el caso de que, efectivamente, haya una salida. Como tampoco lo está que, por el hecho de salir de la Unión, si es que se produce esta salida, Cataluña tuviera que prescindir del euro. Hay varios pequeños países europeos que, no siendo miembros de la Unión, tienen el euro como moneda, por ejemplo, el Vaticano, Montenegro, Kosovo, Andorra, San Marino y Mónaco. Nada podría impedir que Cataluña siguiera dentro del euro. Y eso sin contar que, como se puede ver por la crisis actual que atraviesa la Unión Europea, no es evidente que la pertenencia a ella sea algo deseable en sí mismo. La tendencia británica a la desconexión (la llamada *Brexit*) y la no pertenencia de Noruega y de Suiza son datos que avalan esta suposición.

A veces, este argumento de la Cataluña pueblerina frente a la España moderna y cosmopolita se torna en su contrario, en parte porque la coherencia no es una virtud frecuente en el debate político y en parte porque interesa recurrir a todo tipo de argumentos y sentimientos, por problemáticos que sean, con tal de imponer el propio punto de vista. El argumento contrario es el que dice que el nacionalismo catalán y el proceso independentista son, en realidad, un movimiento de una comunidad rica e insolidaria con las demás que pretende separarse para no tener que aportar a las cajas del Estado en pro de los que más lo necesitan. Es un argumento que, como veremos en el capítulo 4, al hablar de las cuestiones económicas, equipara el independentismo catalán con el padano, del norte de Italia, al que se supone voluntad secesionista para no tener que aportar su contribución al sostenimiento de las zonas más deprimidas del país en el Mezzogiorno. Es un ataque al independentismo catalán por la vía de acusarlo de egoísta y codicioso.

Ciertamente, Cataluña es una comunidad rica, por encima de la media española en renta y demás magnitudes positivas. Es una comunidad excedentaria, como lo son Valencia, Baleares y Madrid. Y por ello ve cómo aporta más a las arcas públicas que lo que recibe de ellas. Ahora bien, esa mayor riqueza no ha venido caída del cielo, ni es producto de una herencia ni de privilegios ni tratos de favor algunos. Un repaso a la historia de España, incluso de antes de la unión de Castilla y Aragón, muestra que todos los territorios de la Península partieron de condiciones muy similares desde tiempo inmemorial. Ha sido la evolución histórica, las decisiones que han adoptado las clases dominantes en cada caso, la capacidad y laboriosidad de sus clases trabajadoras, la industria de sus clases medias, la generación de una burguesía industrial y mercantil y la consiguiente acumulación de capital a lo largo de los años, los que han hecho cristalizar esta situación de mayor prosperidad, que incluso se ha dado teniendo que hacer frente muchas veces a condiciones de discriminación y perjuicio muy penosas. Es posible que Cataluña se beneficiara de la política proteccionista del Estado español en el siglo XIX, práctica arancelaria que también caracterizó a otros países occidentales; pero también es cierto que el monopolio de la Casa de Contratación de Sevilla, sin llegar a impedir el comercio de catalanes y aragoneses con América (como han sostenido diversos autores nacionalistas), sí lo entorpeció en cierta medida hasta mediados del siglo XVIII.

Siendo estos datos históricos así, resulta inicuo atacar a Cataluña por su prosperidad y hacerla culpable de lo que no lo es. Si el resto de territorios de España se hubieran administrado de similar manera, si la oligarquía española hubiera explotado menos a las zonas no catalanas del país o si estas hubieran sabido o podido desarrollarse según las pautas y modelos del modo de producción burgués, estas diferencias no existirían. Al existir, sin embargo, es injusto culpar de ellas a los catalanes, y mucho más lo es argumentar que no pueden hacer uso de sus derechos por cuanto tienen una supuesta deuda moral (y económica) que pagar con el resto de la comunidad española, como si su mayor riqueza y progreso se debiera a la explotación de aquella y no a su propia laboriosidad, sentido del ahorro y productividad.

Hay quien dice que la prueba de que el desarrollo catalán se ha hecho a costa de otras regiones españolas reside en la abundosa inmigración que hay en Cataluña y ha habido a lo largo de todo el siglo XX. Pero esto es un razonamiento aún más endeble que el anterior que confunde la causa con el efecto. Que Cataluña haya recibido mano de obra de fuera, proveniente de España, no implica una relación de explotación distinta, o más grave, de las que se dan normalmente en cualquier economía capitalista. Por el contrario, para esta población inmigrante, llegada mayoritariamente del sur y de Galicia, Cataluña ha sido tierra de acogida en la que han encontrado trabajo, vivienda y la posibilidad de educar a sus hijos para que no tengan que repetir el triste destino de los padres. Que sea precisamente un porcentaje de esta población inmigrante la que apoya el proceso independentista demuestra que este tiene sólidas raíces.

3.
Aquí y ahora: el renacimiento de una ilusión

La sociedad civil entra en escena

El breve repaso histórico de los capítulos anteriores sirve para demostrar que el nacionalismo catalán viene de muy atrás, que tiene solera y una larga tradición de lucha y que no es un invento de la transición que cayera inesperadamente del cielo. La historia de Cataluña en los últimos doscientos años es una historia de luchas ininterrumpidas por encontrar una posición de especial relevancia en el conjunto de España. En ese largo proceso, la sentencia del Tribunal Constitucional 31/2010, de 28 de junio de 2010, supone un hito. Con dicho pronunciamiento, que expresa e innecesariamente niega a los catalanes la condición nacional (Boix, 2016: 42), para muchos, se cerró la puerta a la posibilidad de que el nacionalismo catalán pudiera mejorar su posición en el Estado. Ya resulta bastante absurdo que un órgano jurisdiccional decida sobre algo tan etéreo y subjetivo como la conciencia nacional, incluso con esas cautelas que se acumulan en las consideraciones acerca de los efectos y las consecuencias jurídicas del hipotético reconocimiento. Con esas precauciones lo único que los magistrados muestran es su ignorancia de la ley de Thomas, según la cual «lo que la gente toma como real acaba siendo real en cuanto a sus efectos». Pero si, además, recordamos de nuevo que el Tribunal Constitucional no es un órgano judicial, sino político que se disfraza de judicial, además de absurda, la cuestión pasa a ser directamente un abuso, una imposición, un atropello producto de una mentalidad tan arrogante como estrecha. En todo caso, la decisión cerraba la puerta a toda posibilidad de que la nación catalana (a la que se empezaba por negar su existencia) encontrara acomodo en España y se ponía el acento en la necesidad de independizarse.

La recuperación del espíritu nacionalista colectivo se manifestó en los actos públicos de las Diadas a partir de entonces. Esas citas se convirtieron en momentos de articulación de masas del plan independentista, en actos de movilización. Preguntado en 2012 por la Diada de aquel año, que, según estimaciones dignas de crédito, había reunido más de un millón y medio de personas, Rajoy respondió que se trataba de «una algarabía». Esa respuesta da la medida de la capacidad de los políticos españoles para comprender lo que pasa en Cataluña y actuar en consecuencia. Una *algarabía*, o sea una 'gritería confusa de varias personas que hablan a un tiempo'. Una *algarabía*, algo sin importancia ni trascendencia. La definición no puede ser más inepta. Cabe entender este hecho desde dos perspectivas complementarias. De un lado, se da la tradicional incompetencia de la oligarquía gobernante española a la hora de comprender el país que rige desde tiempo casi inmemorial. Uno de los datos más curiosos de la relación entre Cataluña y España ha sido siempre el desconocimiento que en esta hay de aquella. Es como si la circunstancia de que Cataluña tenga lengua propia (y que ha resistido los inveterados intentos de la España castellanoparlante por suprimirla) y, por lo tanto, en gran medida, cultura propia, la pusieran fuera del alcance y del interés del resto de los españoles como si de un país extranjero se tratara. Como Portugal, por citar otra nación —esta con Estado— geográficamente próxima a España pero casi ignota para los españoles. La ignorancia y el desprecio —según agudo decir de Machado— de Castilla por cuanto está allende sus fronteras quizá sea una de las causas de la decadencia y ruina de este antiguo imperio. Ese desconocimiento y ese desprecio se hacen asimismo extensivos al interior del Estado. La cruda ignorancia respecto a Cataluña solo parece romperse cuando se da una de las frecuentes crisis que jalonan su convivencia o *conllevancia*, como decía Ortega. Cuando tal cosa sucede, no es infrecuente escuchar a los políticos españoles haciéndose lenguas de cuánto aman a Cataluña, de la que, por lo demás, ignoran casi todo.

La otra perspectiva es la de la propia sociedad catalana. Hay una serie de circunstancias que explican por qué aquella famosa sentencia del Tribunal Constitucional habría de provocar una reacción cualitativamente distinta en la historia de un país acostumbrado a que las instancias centrales del Estado rebajen siempre sus aspiraciones y tiendan a considerarlo como parte de un todo no diferenciado. Circunstancias internas y externas. Entre las internas hay que contar que la decisión que se tomó soslayando e ignorando la voluntad cuasi unánime del Parlamento catalán y la de los propios catalanes, que la manifestaron expresamente en un referéndum. Y un referéndum en unas condiciones de polarización agudas. Debe recordarse que, después de que el texto del Estatuto fuera *cepillado* en la Comisión de Asuntos Constitucionales de la Cámara española, según desafortunada e impertinente expresión de su presidente, Alfonso Guerra, algún partido que hasta entonces lo había apoyado, como Esquerra Republicana de Catalunya (ERC), hizo campaña a favor del *no* por considerar que la norma no reflejaba las aspiraciones de Cataluña. Con un cuerpo electoral de 5.310.103 almas, votaron 2.594.167, esto es, el 73,23 % de los votantes, pero solo el 35,77 % del electorado. Los votos en contra fueron 533.742, es decir, el 20,5 % del electorado, y los votos en blanco fueron 137.207 o un 5,2 % de los votantes.[4] Asimismo, el Tribunal que tomó la decisión estaba patentemente deslegitimado para hacerlo. Las maniobras del Partido Popular al bloquear durante años su renovación e impugnar magistrados por razones políticas para conseguir una composición del órgano más favorable a una decisión

4. Generalitat de Catalunya. Institut d'Estadística de Catalunya. *Referéndum para el Estatuto de Cataluña. 18 de junio de 2006.* Disponible en: http://www.idescat.cat/pub/?id=aec&n=920&lang=es.

negativa, de hecho, le arrebataron toda autoridad a la hora de justificar dicha decisión negativa. Maniobras, por lo demás inútiles por cuanto, aun quedando una mayoría de magistrados *progresista*, eso no impidió que la sentencia tuviera el carácter de cierre categorial español que ha llevado al país a esta situación de profunda crisis constitucional. Dicho en otros términos: el juicio que merezca un tribunal constitucional tan neuróticamente apegado a la letra de la Constitución formal que consigue destruir la Constitución material es perfectamente previsible.

Las circunstancias externas residen en el carácter del Gobierno que poco tiempo después, en noviembre de 2011, llegaría al poder en España. Un gobierno de la derecha neofranquista y nacionalcatólica con una mayoría absoluta parlamentaria que mostraría un sesgo fuertemente anticatalán prácticamente desde su inauguración. Quedarán siempre para la historia, como un baldón de estulticia, las provocadoras declaraciones del ministro de Educación, José Ignacio Wert, de que el propósito de su departamento era «españolizar a los niños catalanes». Al margen de la estupidez que presupone querer *españolizar* a unos niños que, por convicción ideológica del hablante, son españoles, llama la atención la falta de sensibilidad que el propósito destila respecto al sentimiento nacional catalán. Esta evidente amenaza ponía sobre aviso de las intenciones del Gobierno de un partido que había mostrado su lado más intolerante en los años anteriores, con motivo de su lucha en contra de la reforma del Estatuto que alentó Zapatero. Hasta cuatro millones de firmas dijo haber recogido el PP en todo el país en contra de dicha reforma y en una campaña con rasgos claramente catalanófobos, como cuando en las mesas petitorias se reclamaba «écheme aquí una firmita contra los catalanes». La campaña era parte de la bronca oposición que suele hacer el PP cuando el gobierno del Estado lo ocupa otro; oposición en la que no se tiene jamás en cuenta cuándo las cuestiones en litigio entran dentro del debate político y cuándo afectan a normas o costumbres estructurales que son cuestiones de Estado. Con tal de derribar el Gobierno socialista, el PP estaba dispuesto a realizar una petición que no podría articularse legalmente (pues los cuatro millones de firmas no servían para nada en términos jurídicos, salvo para armar barullo) pero que comprometía seriamente las bases de convivencia de Cataluña y España. Que, pasadas las elecciones de 2011, el partido que protagonizó un hecho tan vergonzoso consiguiera la mayoría absoluta en el Congreso y arrancara la legislatura manifestando una voluntad anticatalana tan evidente fue un importante acicate a la hora de movilizar a la sociedad catalana en defensa de lo suyo.

A todo lo anterior debe añadirse la situación de crisis económica que vivía el país y que el partido de la derecha se aprestaba a gestionar en su estilo tradicional de cargar sus costes sobre los sectores más desfavorecidos de la población y sobre los territorios más productivos y menos atendidos. Es interesante observar que, con bastante sentido de la oportunidad y, desde luego, conciencia de su responsabilidad, el presidente de la Generalitat, Artur Mas, elegido en 2010, visitó al del Gobierno español en septiembre de 2012 con una lista de reclamaciones para mejorar la situación de Cataluña dentro del Estado español, una de las cuales era solicitar un régimen fiscal especial, cercano al concierto del País Vasco y Navarra. La petición traía causa de una decisión del Parlamento catalán de un nuevo *pacto fiscal* por el que se pretendía reformar la hacienda catalana para adoptar un régimen similar al del concierto vasco y navarro, decisión aprobada por Convèrgencia i Unió, Esquerra Unida i Alternativa y Esquerra Republicana de Catalunya, con la abstención del Partido de los Socialistas de Cataluña y el Partido Popular, así como el voto en contra de Ciudadanos y Solidaritat Catalana per la Independència (SI). La respuesta que obtuvo fue un cerrado «no», fundado en dos consideraciones, una necesaria e implícita y la otra contingente y explícita. La necesaria e implícita (porque es lo que nunca puede expresarse abiertamente en España) es que si los catalanes acceden al sistema vasco-navarro del concierto, el país será muy difícil de sostener financieramente; la contingente y explícita, que Rajoy manifestó con la alacridad a que lo impulsaron sus escasas luces, es la seguridad que dicho presidente creía le otorgaba su mayoría absoluta en el Congreso, como si esta fuera a ser eterna. El regreso de Mas con las manos vacías aceleraría el replanteamiento soberanista en Cataluña. Rechazadas las peticiones al Estado, ahora las instituciones se pondrían al frente de la reivindicación. La *algarabía* empezaba a convertirse en un movimiento del conjunto de la sociedad catalana y acabaría demostrando que era el único problema real que afecta al conjunto del país.

A partir de ese momento, como si quisiera probar la afirmación de Marx de que la filosofía se convierte en un arma cuando encarna en las masas, el independentismo se extendió e impregnó crecientemente la opinión pública. Se generalizó. Su articulación se hizo en un comienzo a través de asociaciones de la sociedad civil, como la Assemblea Nacional Catalana (ANC) y Òmnium Cultural (OC). Esta intervención de la sociedad civil parece contradecir algunas de las conclusiones sobre el tiempo moderno que no se discutían en los estudios científico-políticos, como, por ejemplo, el aumento de la apatía política y la desconfianza frente a las instituciones. Era el fenómeno conocido como *desafección democrática*, que afectaría a todas las sociedades democráticas avanzadas en Occidente y que descansa sobre datos y manifestaciones que han querido verse como incuestionables: la incapacidad creciente de los estados del bienestar para responder a las reivindicaciones de la población, la inadecuación de las instituciones para adaptarse a los tiempos de cambio tecnológico acelerado, la ruptura de los mecanismos tradicionales del Estado de derecho con el paso de la preeminencia del poder legislativo al ejecutivo y la desconfianza frente a las instituciones y los mecanismos de mediación.

Por aquel tiempo, en torno a 2011-2012, pareció darse también en el conjunto del Estado un fenómeno que venía a ser como un cuestionamiento del dicho saber convencional acerca de la apatía y la alienación políticas y la desafección democrática. En España se inició un movimiento, originalmente llamado «de los indignados», eco del título de un panfleto famoso del antiguo diplomático y excombatiente Stéphane Hessel (2010), que reclamaba a la población francesa, especialmente a los jóvenes, un rechazo de toda sumisión y una actitud de rebeldía frente a las inhumanas condiciones vitales que la crisis económica capitalista estaba imponiendo en Francia y en el mundo entero. Curiosamente, el alegato tuvo menos eco en Francia que en España, en donde pareció encender la mecha de un polvorín pacífico que se inició el 15 de mayo de 2011, se llamó a sí mismo el *movimiento de los indignados* y tomó cierta forma de organización asamblearia y espontánea en el llamado Movimiento del 15M. Este fenómeno tenía un modelo anterior en Cataluña en la Candidatura d'Unitat Popular (CUP), una organización también asamblearia, espontaneísta, independentista, con matices anarquistas, típica de la tradición de la *grass-roots politics*, que, desde 2003, venía actuando fundamentalmente en el orden municipal por creer que este es el nivel político más accesible para la gente corriente (Fernández y Jòdar, 2016).

En el caso del Movimiento 15M, el impulso de protesta e indignación se encontró pronto con la necesidad o conveniencia de adquirir alguna forma orgánica que le permitiera el acceso a las instituciones, sobre todo la parlamentaria, o resignarse a una actividad de carácter puramente testimonial. Luego de varios intentos con nula fortuna, en 2014 vio la luz un partido, Podemos, que se presentaba como continuación del movimiento. Por su esencia misma, este no podía otorgar carta de naturaleza como continuador suyo al partido y hubo muchas voces que insistieron en la necesidad de que el Movimiento no se articulara bajo forma partidista alguna, que se veía como una claudicación. De hecho, se dio algún otro intento aislado de configurar el 15M como partido político, pero el único que lo ha conseguido y al que la opinión identifica más claramente con el movimiento 15M es Podemos, y este partido es responsable de haber despertado un alto grado de interés en sectores sociales, especialmente entre los jóvenes, que habían abandonado toda participación política. De esta forma, Podemos, con su programa de regeneración y cambio radical, vino a contradecir aquel saber académico convencional acerca de la desafección democrática.

Lo mismo sucedió en Cataluña, si bien con otros tiempos y otras dimensiones. La opción de la CUP arranca de los primeros años del siglo y el milenio, y la expansión del independentismo a través de una intensa movilización social demostró que, cuando la gente tiene una causa con la que se identifica y por la que luchar, la desmovilización se convierte en movilización, la apatía en activismo. Sin duda el movimiento soberanista catalán compartía la indignación con el de los indignados, pero a esta le añadía otro elemento que le daba un estilo peculiar y anunciaba una evolución distinta: el nacionalismo, el hecho de luchar por la separación de España, en pro de un Estado catalán independiente y que, por la propia tradición del lugar, tendría forma republicana. La configuración de una Cataluña independiente como una república incide de lleno en el contencioso español convirtiéndolo de un conflicto territorial en una controversia sobre la forma institucional del Estado que introduce un factor poco considerado por lo general, pero de gran importancia, ya que, se quiera o no, condiciona las posibles fórmulas intermedias de acuerdo por cuanto no es fácil imaginar cómo pueden compatibilizarse una monarquía con una república.

Esta cuestión de que el independentismo catalán sea, como siempre ha sido, republicano requiere una reflexión complementaria. La Constitución de 1978 es unionista (cosa que se sigue de ese famoso artículo 2, cuya apelmazada y reiterativa redacción muestra a las claras su inspiración en los cuartos de banderas) y monárquica. El movimiento independentista catalán, por tanto, es incompatible con la Constitución. Pero lo que casi nadie menciona es que se trata de dos incompatibilidades distintas. La territorial, ciertamente, no ofrece dudas y es frontal: España no puede seguir siendo España si Cataluña se independiza. Pero la institucional es algo distinto. España seguiría siendo España si dejara de ser una monarquía para convertirse en república. Lo que el independentismo catalán pone de manifiesto con su republicanismo es el abandono de su esencia, que protagonizan las fuerzas políticas de la izquierda española, que han pasado de ser originalmente republicanas a dinásticas y cortesanas.

Quizá uno de los rasgos más característicos e interesantes de estudiar en este proceso de concienciación popular y movilización ciudadana en favor de la independencia es la aparición de la formación Súmate, una organización independentista en la estela de ERC pero compuesta por españoles residentes en Cataluña o catalanes castellanohablantes. La asunción del programa independentista por los sectores españoles en Cataluña, inmigrantes o hijos de inmigrantes, es un elemento propagandístico en pro de la independencia de enorme importancia. En Cataluña vive una porción muy numerosa de población inmigrante que no habla catalán y que, en principio, podría sentirse excluida de una hipotética Cataluña independiente. La función de Súmate es calmar estos temores, tranquilizar a quienes los expresan y garantizar a todos que, una vez sea independiente, Cataluña seguirá siendo un Estado de derecho y protegerá los de la población no catalana de forma que esta no corra el peligro de sentirse (y quizá ser tratada) como ciudadanos *de segunda clase*. Es este un asunto de gran importancia que no solamente tiene una vertiente meramente táctica (esto es, conseguir que sectores sociales no catalanes pero residentes en Cataluña se involucren en el proceso independentista o, cuando menos, no lo obstaculicen), sino otra de fondo o estratégica: se trata de echar las bases de la futura República Catalana, erigida sobre una sociedad multicultural y quizá (aunque eso esté por ver) bilingüe, una sociedad no basada en criterios étnicos, sino puramente ciudadanos, en el más prístino sentido de la doctrina del *patriotismo constitucional*, al que el nacionalismo español pretendió recurrir sin éxito para desactivar el movimiento independentista. Frente a ello, la petición de los lingüistas catalanes de fijar el criterio de *Catalan only* en Cataluña tenía que levantar muchas suspicacias y protestas entre los nacionalistas españoles, y algunos nacionalistas catalanes (Joan Tardà, por ejemplo) se sintieron en la obligación de salir al paso afirmando que Cataluña mantendría el bilingüismo por cuanto consideran ambas lenguas, español y catalán, como propias. El asunto está lejos de ser claro y, probablemente, plantearlo ahora sea un error táctico. Una ojeada a sociedades bilingües (incluso plurilingües) de hecho, como Irlanda o Suiza, aconseja abordarlo con prudencia y quizá sin olvidar que, muchas veces, la mejor manera de librarse de un problema no es intentar resolverlo a toda costa, sino soslayarlo. O quizá sea bueno abordarlo de modo tajante, al modo del nudo gordiano. De hecho, el primer proyecto de Constitución de la República Catalana que llegó al Parlament consideraba la sola oficialidad del catalán. El asunto está lejos de haberse dirimido.

Por otro lado, la acción de la sociedad civil tiende a institucionalizarse, tanto en el ámbito específico de las instituciones propiamente dichas como en el de los partidos políticos. Entre las primeras, ocupa lugar destacado la Associació de Municipis per la Independència (AMI). En cuanto a los segundos, ha sido llamativo el giro soberanista. Esquerra Republicana de Catalunya (ERC), el histórico partido nacionalista que había pasado unos años mejor o peor acomodado al horizonte autonomista, recuperó un nítido objetivo independentista. A su vez, la coalición de los dos partidos nacionalistas burgueses, CiU, compuesta por Convergència Democràtica de Catalunya (el partido de Jordi Pujol) y Unió Democràtica de Catalunya, el partido democristiano catalán, fundado durante la II República, entró en crisis al intensificarse las reivindicaciones secesionistas y terminó escindiéndose en 2015 en sus dos partes componentes. Esa escisión se hizo inevitable como resultado de un tortuoso forcejeo entre la Generalitat y el Gobierno español entre 2012 y 2015 en torno al llamado *derecho a decidir* de los catalanes (sobre cuyos rasgos jurídicos volveremos en el capítulo 4), que se planteó como una lucha de aquella contra los tres poderes del Estado de derecho. A raíz de las elecciones catalanas anticipadas de

2012, que dieron una mayoría parlamentaria soberanista, el Parlament aprobó una declaración de soberanía, el 23 de enero de 2013, que incluía el derecho a decidir, declaración que fue suspendida cautelarmente por el Tribunal Constitucional el 8 de mayo de 2013 a instancias del Gobierno del Estado, que la consideró como «un desafío abierto a la Constitución». Posteriormente, el mismo Parlament elevó al Parlamento español una petición para celebrar un referéndum sobre el futuro de Cataluña, petición rechazada por el órgano legislativo español por 299 votos en contra y 47 a favor. Esta negativa coronaba el rechazo del Tribunal Constitucional, que, por sentencia de 25 de marzo de 2014, declaraba inconstitucionales las pretensiones catalanas tanto de soberanía como del *derecho a decidir* si no se ejercían en el marco del derecho de participación política de todos los españoles en las elecciones. El derecho de autodeterminación, concluía el Alto Tribunal, no tiene cabida en la Constitución española.

Enfrentado, pues, a todos los poderes del Estado, el Parlament aprobó una Ley de Consultas no referendarias, en septiembre de 2014, que también fue impugnada por el Gobierno central y cautelarmente suspendida por el Tribunal Constitucional, unos días después. Artur Mas, en un movimiento táctico inesperado, retiró dicha Ley y convocó una *consulta alternativa* que ya no tendría carácter plebiscitario y estaría organizada por voluntarios con el apoyo de la Generalitat. También esa *consulta alternativa* fue cautelarmente suspendida por el Tribunal Constitucional a instancias del Gobierno central, unos días antes de que se celebrase. Pero se celebró, pese a todo, con una participación muy baja, aunque significativa, de un 37,02 % (alta, teniendo en cuenta que se trataba de una consulta ilegal, con todos los poderes e instituciones del Estado haciendo campaña en contra de la participación), y los resultados que se observan en el cuadro siguiente, en el que casi dos millones de ciudadanos votaron un doble *sí* a la relativamente complicada pregunta de «¿Quiere que Cataluña sea un Estado?» y «En caso afirmativo, ¿quiere que ese Estado sea un Estado independiente?».

Un resultado y una participación que ponen seriamente en duda las conclusiones doctrinales acerca de la *desafección democrática* cuando lo que se pone en tela de debate es algo que interesa a la ciudadanía.

Esta consulta del 9 de noviembre fue algo parecido, metafóricamente hablando, al cruce del Rubicón por Julio César, al menos en lo referente a la continuidad de la gran coalición de CiU, sobre la que Jordi Pujol había basado su indiscutible dominio de la Generalitat durante más de veinte años. Los democristianos de UDC, que no habían sido nunca independentistas, acabarían por escindirse de sus socios y afrontar lo que desde el primer momento de su ruptura estaba claro: que serían derrotados en las siguientes elecciones, como así sucedió, de forma que, tras las del 20 de diciembre de 2015, la XI legislatura del Congreso español se inauguraría sin contar con ningún diputado de Unió.

¿QUIERE QUE CATALUÑA SEA UN ESTADO?
EN CASO AFIRMATIVO, ¿QUIERE QUE ESTE ESTADO SEA INDEPENDIENTE?
PARTICIPACIÓN: 37,02%

Participaciones	✓ Sí			× No	En blanco	Otros
	✓ Sí	× No	En blanco			
2.305.290	1.861.753	232.182	22.466	104.772	12.986	71.131
100%	80,76%	10,07%	0,97%	4,54%	0,56%	3,09%

FUENTE: Wikipedia. https://es.wikipedia.org/wiki/Proceso_soberanista_de_Catalu%C3%B1a_de_2012-2016#La_ley_de_consultas_del_Parlamento de_Catalu.C3.B1a_28julio-septiembre_de_2014.29

Al mismo tiempo, la consulta del 9 de noviembre tuvo otras consecuencias de calado. En primer lugar, dejó claro que había una fuerte movilización social a favor de la independencia y que esa movilización estaba decididamente canalizada por las instituciones de autogobierno y las asociaciones de la sociedad civil. Al contarse los catalanes partidarios de la independencia, tomaban conciencia de su fuerza y se presentaban como un movimiento popular, transversal, pluriclasista, en el que se integraba la Cataluña real con la Cataluña oficial. Esto puede parecer algo secundario desde un punto de vista español, pero tiene una gran importancia desde el de la cuestión de la legitimidad del proceso. Al fin y al cabo, de lo que se trató, a lo largo de esos dos años de continuos tiras y aflojas entre la Generalitat y el Gobierno del Estado no fue de proceder sin más a una declaración de independencia o secesión de Cataluña, sino a una actividad puramente consultiva para averiguar qué pensaba la población catalana. La obstinada negativa de los tres poderes del Estado en obvia unidad traducía la voluntad de que esa consulta no se produjera y que, por tanto, no pudiera saberse cuánta gente en Cataluña apoyaría una opción independentista. Por supuesto, tal falta de información permitiría seguir argumentando que la mayoría de los catalanes no estaba por el referéndum ni por la independencia. De hecho, la interpretación que de la consulta hizo el presidente del Gobierno español (al margen de otras de otra índole que veremos a continuación) fue que en Cataluña había una mayoría no independentista. Cuando se le argumentaba que esa población antiindependentista, habiendo tenido ocasión de pronunciarse, no pasaba del 15 %, *tot plegat,* como dicen en Cataluña, sostenía que el resto también era contrario a la independencia pero formaba la *mayoría silenciosa.* Este es el nivel intelectual que puede alcanzar el debate sobre la cuestión más importante para la conservación del Estado español.

Es de reseñar la torpe actuación del Gobierno de España en lo relativo a la consulta. Al no poder impedirla, como señalábamos más arriba, el Gobierno venía a reconocer que no era capaz de aplicar la ley en uno de sus territorios y que, por lo tanto, el Estado no era soberano. Soberana, de hecho, era la Generalitat. El resto de las actuaciones del Gobierno central fue tan desafortunado como las demás. No admitiendo el valor legal de la consulta, el presidente del Gobierno trató de ridiculizarla equiparándola a una especie de verbena y asegurando que carecía de todo efecto jurídico. Sin embargo, casi contradiciéndose en un solo acto, anunciaba que la fiscalía tomaría medidas para exigir las responsabilidades a que hubieran dado lugar los actos de las autoridades autonómicas. Así, la

Fiscalía General del Estado inició actuaciones con probables efectos procesales para tres personalidades de la Generalitat por supuesta desobediencia, incluso en contra del criterio de la fiscalía catalana, que no veía delito alguno: el presidente, Artur Mas, la vicepresidenta, Joana Ortega, y la consejera de Educación, Irene Rigau.

Consecuencias jurídicas quizá no tuviera (aparte, por supuesto de las posibles penales para quienes organizaron la consulta), pero sí las tuvo políticas, y de extraordinaria importancia. Fue esta consulta la que dotó de una legitimidad sobrevenida al movimiento independentista y permitió después aprovechar las elecciones autonómicas para convertirlas en plebiscitarias mediante una opción dicotómica: los electores podían elegir entre votar un bloque independentista (llamado Junts pel Sí y compuesto por CDC y ERC), que se presentaba en paralelo con la opción de la CUP, también independentista, o una serie de partidos no independentistas que eran todos los demás.

Esas elecciones tuvieron lugar el 27 de septiembre de 2015 y dejaron al bloque independentista unitario a seis escaños de la mayoría absoluta que alcanzaría sumando los 10 de la CUP. Luego de procelosas y frenéticas negociaciones se constituyó finalmente un gobierno independentista con mayoría absoluta en el Parlament y con una hoja de ruta que preveía una declaración de independencia en dieciocho meses. Dicho Gobierno estaba apoyado en una alianza de todo el espectro independentista, desde la derecha de Convergència Democràtica de Catalunya (directamente aliada con ERC) hasta la CUP, lo cual prueba cuanto venimos diciendo acerca de la configuración de un movimiento social de amplia base canalizado en las instituciones políticas a través de los partidos políticos y las asociaciones de la sociedad civil. Es esta orientación socialmente comprensiva la que permite tomarse con distanciamiento e ironía las frecuentes diatribas del nacionalismo español y el unionismo catalán acerca de la interpretación que deba darse a los resultados de aquellas elecciones del 27 de septiembre.

Hay dos puntos de discrepancia en dicha interpretación cuyo examen ayuda a comprender la naturaleza del conflicto en cuestión. En primer lugar, el carácter de la votación y, en segundo, el de los porcentajes de mayorías que legitiman para unos u otros pronunciamientos políticos. En cuanto al carácter de la votación, el bloque independentista consideró que, dadas las circunstancias, unas elecciones autonómicas ordinarias tomaban el carácter de un plebiscito, justo el que la Generalitat no había podido organizar el 9 de noviembre de 2014 por la expresa prohibición del Gobierno central. Frente a ello, el nacionalismo español sostenía que las elecciones eran unas elecciones autonómicas ordinarias y cualquier otra interpretación no estaría justificada.

Elecciones autonómicas en Cataluña

2012
32,24 % abstención
3.668.310 votos
52.898 en blanco
33.140 nulos
participación 67,76 %

2015
22,56 % abstención
4.115.807 votos
21.941 en blanco
15.932 nulos
participación 77,44 %

JxSí · C's · PSC · CatSíqueesPot · PP · CUP

2015 Resultados electorales

Partidos	Escaños	Votos	Porcentaje
JXSÍ	62	1.620.973	39,54 %
C'S	25	734.910	17,93 %
PSC	16	522.209	12,74 %
CATSÍQUEESPOT	11	366.494	8,94 %
PP	11	348.444	8,5 %
CUP	10	336.375	8,2 %
UNIO.CAT		102.870	2,51 %
PACMA		29.785	0,73 %
RECORTES CERO-ELS VERDS		14.390	0,35 %
GANEMOS		1.158	0,03 %
PIRATA.CAT/XDT		326	0,01 %

Fuente: Ministerio del Interior

2012 Resultados electorales

Partidos	Escaños	Votos	Porcentaje
CIU	50	1.116.259	30,71 %
ERC-CAT SÍ	21	498.124	13,7 %
PSC-PSOE	20	524.707	14,43 %
PP	19	471.681	12,98 %
ICV-EUIA	13	359.705	9,9 %
C'S	9	275.007	7,57 %
CUP-ALT.ESQ.	3	126.435	3,48 %
PXC		60.107	1,65 %
SI		46.838	1,29 %
EB		28.288	0,78 %
PACMA		20.861	0,57 %
PIRATA.CAT		18.219	0,5 %

Pero, al abordar el segundo punto, el de las mayorías/minorías, la posición de los unionistas cambiaba de sentido. Ahora, la consulta sí era un plebiscito, puesto que, en lugar de tomarse en consideración los resultados de cada partido por separado, se agrupaban en los dos polos del *sí y el no*, como corresponde a las consultas plebiscitarias. Según estos cálculos, el independentismo había perdido, pues solo acumulaba el 47,8 % de los votos (los de Junts pel Sí y la CUP), mientras que el *no* a la independencia representaba el 52,2 % de los votos. La mala fe de este cálculo se echa de ver en que suma todos los votos que no son independentistas, incluidos los nulos y los en blanco. En realidad, los votos emitidos válidos que no fueron a parar al independentismo sumaron el 48,5 %, siete décimas por encima del voto independentista. Y aun así, sigue siendo cálculo problemático, ya que en ese 48,5 % se contabilizan también los votos de Catalunya Sí Que es Pot, esto es, la confluencia en torno al Podemos catalán, en donde probablemente hay un porcentaje de voto independentista en torno al 50 %. En resumen, lo que las elecciones del 27 de septiembre dejaron en claro fue que el independentismo, que diez años atrás se situaba en torno al 20 %, había dado un salto muy pronunciado a causa de los hechos que hemos mencionado.

No obstante, los independentistas reconocen no tener la mayoría absoluta que precisarían para declarar la independencia. Así lo ha manifestado reiteradamente Carles Puigdemont, quien sucedió a Artur Mas al frente de la Generalitat, al igual que la CUP, que considera que, en tanto no se alcance y rebase esa barrera de la mayoría absoluta, no corresponde hacer una declaración unilateral de independencia (DUI).

En realidad, esta controversia tiene un punto de ociosa en el consumo interno español, si bien es oportuna desde la perspectiva de la acción exterior. Desde el punto de vista interno, el nacionalismo español solo usa los porcentajes como complementos de su posición, que es una negativa cerrada a la independencia de Cataluña, se decida esta con el porcentaje de voto que se decida, porque, como razona Felipe González, «la legitimidad del voto» no puede estar «por encima de la ley», lo que quiere decir que, llevado al extremo, aunque el 100 % del electorado catalán votara por la independencia esta sería imposible. La concepción organicista del nacionalismo español considera absurdo que una parte de un todo orgánico vote a favor de separarse de ese todo. Cuando se considera sin prejuicios que los catalanes representan una minoría nacional en España, resulta imposible distinguir este argumento en contra de «la legitimidad del voto» de la defensa de la tiranía de la mayoría. Que un supuesto socialista democrático aparezca apoyando un argumento en pro de la tiranía de la mayoría demuestra que, si de socialista tenía poco, de demócrata aún menos.

Esta referencia casi absoluta al positivismo jurídico, que pone la ley vigente por encima de cualquier otra consideración, es una concepción reaccionaria orientada a la conservación de órdenes políticos injustos. El positivismo de que hace gala González no admite recurso alguno a asuntos de morales o de objeción de conciencia, porque no puede tomar en consideración el principio de legitimidad. En este sentido, que volveremos a tratar más adelante, cabe decir que la ley va contra los seres humanos, cuyo permanente cambio y evolución tienen que imponerse mediante el principio de legitimidad, un principio que todo el mundo respeta pero no sabe ver.

Por supuesto, el cálculo de porcentajes tiene que ver con la imagen exterior del proceso independentista catalán, porque ahí sí que cuentan y, dado que dicho proceso supone que, al final, su éxito dependerá de la ayuda exterior y una posible mediación de la Unión Europea, parte de la idea de que un porcentaje superior al 51 % ya facultaría para una DUI, que podría defenderse a los ojos de la comunidad internacional. Y, en efecto, el proceso independentista catalán se presenta como una movilización con rasgos de acción colectiva tradicional que incorpora, además, los nuevos elementos de la información y comunicación políticas propios del ciberespacio, bajo la denominación de *multitudes inteligentes* (Rheingold, 2002).

Muchos ataques al independentismo han señalado que este movimiento aparece liderado por un oportunista, un hombre sin principios, como Mas, que ha visto en él la posibilidad de salvaguardar y culminar su carrera política, hecha en gran medida a la sombra de Jordi Pujol. Las revelaciones sobre los escándalos del clan Pujol hicieron mucho daño al independentismo. Pero la operación no consiguió su objetivo desmovilizador. Sirvió, sí, para desmitificar la figura del propio Jordi Pujol como padre de la patria catalana y para reevaluar toda su trayectoria personal. Pero no para conseguir que el independentismo aflojara. Tampoco consiguieron su objetivo los sucesivos intentos, algunos de ellos movidos desde las cloacas del Estado, a través de supuestos informes policiales, de involucrar en negocios turbios a Artur Mas, contra quien los servicios secretos españoles no han conseguido presentar una sola prueba incriminatoria.

Está fuera de duda que la función de Artur Mas en todo el proceso independentista ha sido decisiva como catalizador del movimiento, razón por la cual es importante analizar su influencia a lo largo de la movilización, porque su liderazgo ha resultado determinante. Mas procede de las filas de Convèrgencia Democràtica de Catalunya y, por lo tanto, del pujolismo, una versión conservadora del nacionalismo tradicional catalán, en buenos términos con el nacionalismo español. No puede olvidarse que Jordi Pujol fue declarado *español del año* por el diario monárquico *ABC*, justo cuando arreciaba una campaña en contra de él debido al caso de Banca Catalana. Ese mismo Pujol fue el inspirador de un intento de resurrección de lo que se conoce como *catalanismo político*, esto es, la pretensión de gobernar España desde Cataluña a través del Partido Reformista Democrático (PRD), cuya cabeza visible eran Miquel Roca y Antonio Garrigues Walker, mientras que la cabeza invisible, pero pensante, era el propio Jordi Pujol. El intento se saldó con un fracaso rotundo en las elecciones de 1986, en las que el partido no obtuvo representación parlamentaria, pero su intención era obvia: articular una relación de Cataluña dentro de España, algo más favorable a aquella.

En los inicios de su carrera política, Mas no pasó los límites de la concepción autonomista. Incluso constan declaraciones suyas en el sentido de que consideraba la independencia como un concepto superado (Mas, 2014). Pero, cuando es elegido diputado y presidente de la Generalitat, está teniendo lugar el proceso que se describió más arriba de reforma del Estatuto, alteración en el Congreso de los Diputados y referéndum. Recuérdese que el Gobierno de Rodríguez Zapatero no pudo mantener su palabra de aprobar un Estatuto según saliera del Parlament catalán porque sus propios correligionarios lo habían «cepillado» convenientemente, según vimos más arriba. Por ello acabó pactando su forma edulcorada con CiU, ya por entonces dirigida por Mas, lo cual causó una profunda crisis en el seno del socialismo catalán, que, bajo la dirección de Pasqual Maragall, había propiciado el nuevo Estatuto. La posterior evolución de los acontecimientos acabó poniendo a Mas al frente del movimiento de resistencia y protesta social catalán, casi se diría de forma automática. Mas no era independentista, al menos oficialmente. Evolucionó hacia el independentismo por una serie de motivaciones probablemente de muy diferente consistencia. Y una vez radicalizado en su convicción, acabó liderando el movimiento por la independencia. Se trata de un caso de relación dialéctica entre los dos extremos de la acción histórica, el individuo y la multitud, la muchedumbre, la colectividad. A partir del *decantamiento* de Mas por la independencia se da la relación de que el movimiento hace al líder y el líder hace el movimiento, que experimentó un notable auge al verse respaldado por la más importante institución nacional catalana, la Generalitat.

El movimiento en marcha después de la frustración de las sucesivas providencias del Tribunal Constitucional solo necesitaba un piloto. Y fue a encontrarlo en Mas, según vimos. Y este, como el timonel que se hace cargo del gobernalle del navío, entendió que debería dirigir a su pueblo en el camino de la independencia. Una imagen de carácter mosaico con la que suele embellecerse su función en el proceso y con la que él anduvo jugando hasta que la crisis sufrida tras las elecciones del 27 de septiembre de 2015 le obligó a ceder el paso al frente de la Generalitat a Carles Puigdemont, el nuevo piloto. Con lo cual todavía se ha acentuado más ese símil mosaico, dado que, como sucedió con Moisés, le fue dado conducir al pueblo hasta la tierra prometida (en este caso, la independencia), pero no entrar en ella.

El movimiento independentista camina sobre las dos pistas del sólido liderazgo y la acción de masas con profundas raíces sociales. Como todas las movilizaciones de masas, esta se puede y debe considerar desde la perspectiva teórica de la acción colectiva con independencia de si, por razón de su finalidad, haya quienes crean que es de una naturaleza especial o no. Desde el punto de vista del objetivo, es de suponer que la independencia debe considerarse como un bien público, esto es, un bien de cuyo disfrute no cabe excluir a nadie. En parte esta posición es correcta, pero en parte no lo es, ya que, por lo general, los bienes públicos tienen partidarios e indiferentes, pero no suelen tener detractores. Este es, sin embargo, en el caso de la independencia, el rasgo más característico. La independencia tiene partidarios entusiastas y detractores y enemigos no menos entusiastas. Resulta así obligado entender el independentismo como acción social en el marco interpretativo del conflicto. Los independentistas catalanes están en conflicto con los unionistas. Y a ese riesgo de polarización se presta mucha atención en el campo independentista, que considera imprescindible mantener una gran cohesión social para evitar los riesgos de fraccionamiento.

Por otro lado, la lógica de la acción colectiva nos dice que, aplicando el criterio de costes-beneficios, lo racional es no participar en la movilización por la independencia porque, cuando la independencia llegue, nadie podrá ser excluido de su disfrute, como bien público. El hombre ilustrado, egoísta racional de la antropología neoliberal, se quedará en su casa, viendo la televisión, y cuando la independencia sea un hecho gracias al compromiso de los demás, saldrá a la calle a beneficiarse de ella. Ahora bien, como el logro de la independencia no puede darse por cierto por tener fuertes elementos en contra, parece claro que asegurarlo requerirá la participación de los interesados, de forma que, en contra del saber adquirido sobre el punto de equilibrio de los juegos de dos jugadores de suma no cero, lo más racional es implicarse y actuar, si uno quiere la independencia. O sea, la movilización independentista suscita grados elevados de afección, tanto más intensos cuanto más conflictivo sea el ámbito en que la cuestión se desarrolle. Así nacen las *multitudes inteligentes*.

La fuerte afección que caracteriza al movimiento impregna también las actividades culturales que se derivan de él. La *cultura de la independencia* va condensando sus redes, utilizando sus símbolos y organizando un ámbito icónico. Hay una interrelación entre las formas culturales y las relaciones políticas. De nuevo relación biunívoca: los actos culturales se politizan, por ejemplo, los *castellers,* mientras que los símbolos políticos se generalizan como elementos ornamentales, por ejemplo, la *estelada*. Ese intercambio se traslada a las redes sociales y al ciberespacio. La sociedad catalana tiene un índice de asociacionismo real superior al español. Del mismo modo, los estudios demuestran que de las blogosferas europeas, una de las más activas y extensas es la catalana. Hay una *Viquipèdia* catalana que ocupa un lugar alto en la clasificación de *Wikipedia.* Esa mayor presencia, mayor densidad en comparación con España, redunda también en ciertos rasgos de la acción colectiva. En otros términos, esta se desarrolla cada vez más en la blogosfera y requiere un nivel aceptable de dominio de redes. Porque quienes actúan colectivamente en ese medio tienen un elevado grado de preparación y su acción puede entenderse como un ejemplo de la multitud inteligente.

Conviene recordar que estamos hablando de redes distribuidas (Gil, 2015). Estas rompen el principio jerárquico y piramidal de los sistemas políticos y se estructuran como redes estrelladas. Y, por tanto, reorganizan las relaciones de poder. Las redes incluyen multitudes de individuos con un alto nivel de información y capacidad de difusión de esta a través de mecanismos de *viralización*. Las redes distribuidas son universos de acciones de grupos que persiguen objetivos distintos y se entrecruzan entre sí formando una comunidad viva que debate en su seno y lleva a conclusiones que orienten su acción en lo que estamos tentados a llamar *inteligencia colectiva*. El término es metafórico, aproximativo y difuso, por lo que no resulta especialmente interesante. Lo es algo más, aunque también tiene un tinte simbólico, el de *multitudes inteligentes*. Además del acceso universal a la información gratuita, dicho acceso tiene lugar en tiempo real, aquí y ahora. Cada vez se soportan menos los diferidos. Ya nadie quiere esperar a que se produzcan los acontecimientos sin interferir en ellos. Las gentes llaman a los programas de radio o televisión para expresar su parecer y, sobre todo, lo envían por medios digitales, mediante mensajería o WhatsApp, y quieren verlo reproducido en las pantallas. O bien organizan hilos de discusión en Twitter o Facebook sobre lo que están viendo o escuchando en ese momento. La vieja crítica que se hacía a la televisión de que, siendo un medio de comunicación de masas, aislaba a las gentes en sus domicilios se rompe hoy, cuando las personas restablecen el contacto entre ellas a través de las redes y, además, comunicándose todo tipo de material, incluidos contenidos televisivos (Castells, 2009; Christakis, 2010).

El acceso a una cantidad mayor de información de complejidad creciente configura ámbitos públicos cada vez más críticos y más preparados para la acción. Ello viene dado porque las fuentes de información son múltiples y de naturaleza variada. Antaño eran escasas y de similar naturaleza. Al día de hoy, las gentes pueden informarse a través de los portales de transparencia que los gobiernos democráticos están obligados a gestionar en todos sus niveles de las redes sociales, los medios digitales, las bases de datos, etc. Por supuesto, la información que se recibe tiene soportes muy distintos que pueden combinarse (en espacios multimedia) o emplearse por sí mismos. Vídeos, páginas personales o colectivas de redes sociales, conversaciones privadas o también en grupos, participación en campañas, navegación en la blogosfera, etc.

La multitud inteligente

A la par que la información, la comunicación alcanza niveles exponenciales con la universalización de las redes digitales, que son como bancos de pruebas de teoría habermasiana de la acción comunicativa.

Por primera vez es posible imaginar la utopía de una cosmópolis kantiana comunicada en tiempo real. Cabría abrigar la esperanza de que *la comunidad ideal de habla* se materializara en un universo digital. Sin embargo, el viejo realismo político recuerda que esa hipotética cosmópolis está compuesta por Estados. La *comunidad ideal de habla* tiene límites nacionales. Los universos digitales están limitados por fronteras estatales que se arrogan el derecho a hacerse coincidentes con las nacionales. A primera vista cabría atribuirlo a las barreras lingüísticas, en virtud de esa idea de Rafael Chirbes de que «La lengua es seguramente el rasgo más sólido que define al hombre como miembro de una tribu» (Chirbes, 2002).

Precisamente por eso es llamativo el mosaico digital. Varias lenguas, como el inglés, el francés y el español, son pluriestatales, y, sin embargo, los universos digitales son nacionales. Por supuesto, que haya una lengua franca, como el inglés, propicia un grado mayor de intercambios que entre comunidades de lenguas distintas, pero no tanto que cree su propia comunidad. Las multitudes siguen siendo nacionales o estatales. El mundo contemporáneo es un mundo de naciones. La cuestión consiste en comprobar la hipótesis de que la nación hoy es el marco voluntario e involuntario en el que encuentra aplicación práctica el concepto de *multitud inteligente*.

Al respecto conviene especificar en qué órdenes debe destacar una multitud para que se la pueda conceptuar como *inteligente.* Tres son esenciales: *a*) la información; *b*) la deliberación; y *c*) la decisión. Las tres cierran el círculo de la acción social. Lo que venga después de la decisión abrirá otro ciclo de acción. De lo que se trata es de saber si la comunidad nacionalista, esto es, aquella parte de la nación catalana comprometida con la plena realización de esta a través de un Estado independiente, alcanza los niveles de competencia en estos criterios como *multitud inteligente.* En definitiva, si la nación es una *comunidad* en el sentido de la *Gemeinschaft* de Tönnies, los nacionalistas serán una comunidad dentro de la comunidad, y merece la pena ver si, en efecto, puede considerarse como una *multitud inteligente.*

Refiriéndonos a la calidad de los criterios y al modo en que actúan e interactúan en el caso concreto de Cataluña, la comunidad nacionalista hace un uso pleno de las posibilidades del ciberespacio. Basta con ver cómo la compleja organización de los actos multitudinarios, especialmente las Diadas, que suponen la organización de millones de personas, se han hecho todos a través de las redes sociales. En el ciberespacio, la información es universal, gratuita y en tiempo real. Sus fuentes, sin descuidar las documentales tradicionales, hacen pleno uso de todas las posibilidades digitales en cuanto nodos de información de la red distribuida, que es la columna vertebral de la acción de la multitud inteligente. Y así son las redes de la comunidad nacionalista: distribuidas y con una permanente circulación de la información.

La deliberación, sin desmerecer tampoco la que tiene lugar en la realidad analógica, se dirige en su gran mayoría claramente a lo virtual. En este campo, los intercambios concretos pueden hacerse en abierto o en agrupaciones específicas, comunidades que pueden ser cerradas e invisibles, cerradas pero visibles, y abiertas. El independentismo catalán tiene una densa organización exterior con un alto rendimiento. Toda deliberación es muy sencilla de reflejar en términos cuantitativos, contabilizando las intervenciones según pautas previamente establecidas. La multitud será tanto más inteligente cuanto mayor sea su eficacia a la hora de orientar la deliberación en un sentido estratégico.

La decisión, para la que cabe plantear todo tipo de requisitos, una vez aplicada, es sometida a supervisión y, sobre todo, en qué términos realistas cabe calcular si los objetivos estratégicos se han alcanzado o no. Un repaso de la concatenación de acontecimientos que ha llevado a la situación de un Gobierno independentista en Cataluña con una hoja de ruta que prevé la independencia en un plazo aproximado de dieciocho meses, a contar desde enero de 2016, muestra que el correcto manejo de la información y los procesos de deliberación han llevado a decisiones correctas en la medida de las posibilidades que se abrían a la comunidad nacionalista. En ese sentido, es la multitud inteligente quien ha marcado el camino de consuno con las decisiones de las autoridades y, si bien pueden frustrarse los objetivos estratégicos, habrá de ser por causas de fuerza mayor, que estén más allá de la capacidad de reacción de aquella comunidad.

La multitud inteligente recibe información sobre el impacto de su decisión y las reacciones que ha suscitado y, al hacerlo, vuelve a poner en marcha un proceso de acción social. En el fondo, lo que se está describiendo aquí para explicar el independentismo catalán es una dinámica típica de la teoría general de sistemas. Dentro de esta teoría cabe acogerse a la teoría de los sistemas autopoiéticos que, originalmente desarrollada por los biólogos argentinos Valera y Maturana (1995), fue luego aplicada a la dinámica de los sistemas sociales por Niklas Luhmann, con lo cual se estaría hablando de sistemas autónomos, independientes, que, como las células, sobreviven a partir de sí mismos. En esta línea, la multitud inteligente trata de encontrar una vía para obtener su reconocimiento universal como sistema independiente de derecho.

El ejemplo empírico que suele aducirse de este fenómeno es la aparición del citado movimiento de los *indignados* en España y el surgimiento de la plataforma del 15M. Tratábase de movimientos sin estructura orgánica, surgidos de la nueva habilidad de la gente para organizarse colectivamente y planificar sus acciones a través de un intercambio infinito de información con un fuerte impacto político y social. La nueva acción colectiva traía un replanteamiento de la función de los actores tradicionales y sus demandas, en lo que se ha llamado un «inicio de siglo convulso» (Morán, 2013). Lo más evidente: su rechazo a la estructura política jerárquica tradicional. El 15M dedicó una parte importante de su tiempo a organizarse espontánea y horizontalmente, cuidando de evitar hasta la apariencia de una relación de liderazgo. Las muchedumbres iban a orientarse solas, mediante decisiones colectivas en asambleas transmitidas a través de las redes y sin pilotos. Serían sistemas autopoiéticos.

Al cabo de cierto tiempo, muchos análisis coincidieron en que un planteamiento radicalmente espontaneísta y asambleario, inserto en una sociedad repleta de organizaciones jerárquicas, no sobreviviría, sobre todo en un medio en el que la densidad de flujos de información y comunicación hace prácticamente imposible adoptar decisiones sin ningún tipo de mecanismo de racionalización. Ponerlo en marcha requeriría dotarse de alguna forma de organización y estructura que inevitablemente llevaría trazas jerárquicas. Y así fue.

La consecuencia más reconocida en España de la irrupción del movimiento 15M en cuanto a la acción de una posible *multitud inteligente* fue la aparición de Podemos, una forma de partido que supera la del *media party* para constituirse en una especie de *partido de las redes*. Su enorme éxito en un primer momento llamó mucho la atención de los analistas y estudiosos (López, 2015; Mateo Regueiro, 2015; Tímermans, 2015; Torreblanca, 2015) por cuanto ha demostrado más fortaleza y capacidad de acción que otros partidos vinculados a las redes pero específicamente dedicados a cuestiones relativas a ellas, y no con un planteamiento general como el de Podemos, como ha sucedido con el Partido Pirata. Por descontado, Podemos no es el único en reivindicar para sí el legado del

15M, puesto que otras fuerzas también lo reclaman, incluida alguna que solo puede hacerlo cínicamente.[5] Con mayor razón, aunque no mucha, ya que su origen en la tradición socialista y comunista de los aparatos de los partidos lo dificulta, lo han intentado los dirigentes del PSOE, IU. Podemos es, sin embargo, el que de un modo más generalmente admitido presta continuidad a aquella forma de movilización espontánea de la gente.

No obstante, por más que los dirigentes del partido de los círculos insistan en su *pedigrí* indignado del 15M, no pueden evitar haberse constituido en un partido político. Ciertamente, uno con numerosas innovaciones respecto a los otros más tradicionales, y dichas innovaciones deben atribuirse sin duda a sus afinidades con el 15M. Pero es un partido político y en su interior conviven dos espíritus, el *asambleario* del ejemplo del 15M, con una estructura abierta *anticapitalista* y de redes distribuidas, y el más jerárquico de la vieja tradición comunista y específicamente leninista, que informa a muchos de sus dirigentes. Estos dos espíritus se mantienen en tensión y dan origen a veces a fricciones pero, poco a poco, va consolidándose la funcionalidad partidista, orgánica, jerárquica, en detrimento de la asamblearia, que, en principio, es más funcional para los objetivos que persigue un partido político y que, aunque quiera entenderse en la tradición del *catch-all party*, no deja de tener una finalidad única, poco compatible con la transversalidad y multiplicidad de centros de imputación de acción social.

A este respecto, por tanto, no cabe sino concluir que, si Podemos consigue consolidarse en el sistema español de partidos, tendrá ya poco que ver con el 15M. Pero hay más. Dado este sistema, Podemos trató en un principio de articularse como una opción innovadora, sin servidumbres con la vieja y anquilosada izquierda comunista y sus disfraces estilo IU, ni con una acartonada socialde-

5. «Pons reivindica el "espíritu" del 15M», en *Eldiario.es*, 18 de junio de 2011. Disponible en: http://www.eldiario.es/canariasahora/sociedad/Pons-reivindica-espiritu-mayo_0_270524035.html.

mocracia que había perdido sus referencias izquierdistas. De haberlo conseguido, quizá hubiera representado una verdadera renovación del sistema de partidos en general y de la izquierda en concreto. Pero el largo ciclo electoral de 2015 y, sobre todo, la incapacidad del partido y de sus dirigentes para entender la cuestión catalana dio al traste con esta posibilidad. Los resultados mediocres de las elecciones del 20 de diciembre de 2015 abrieron una crisis en el partido, que por estar larvada no fue menos característica entre las distintas corrientes antes señaladas. A ello debe añadirse la manifiesta incompetencia de su secretario general, devorado por un narcisismo que la exposición permanente en los medios alimentaba, y la supervivencia del núcleo comunista de IU que mantenía Anguita en su obsesión por acabar con el socialismo democrático, aunque fuera a costa de propiciar el gobierno de la derecha. El resultado fue que aquel prometedor experimento original de Podemos volvió a quedar a merced de la vieja política comunista. Hacía treinta años (desde 1986) que el PCE no se presentaba a unas elecciones con sus siglas, para lo cual se había inventado el camuflaje de IU. Pero también estas de IU demostraban ser inútiles y, viendo la posibilidad en la novedad de Podemos, la colonizaron e instrumentalizaron. Podemos pasó a ser la nueva fachada del partido comunista, plagada de burócratas y así quedó patente en las subsiguientes elecciones generales de 26 de junio de 2016 en las que la candidatura de Unidad Popular (IU y Podemos) encajó una pérdida de más de un millón de votos respecto al 20 de diciembre anterior y quedaba en tercer lugar, por debajo de un maltrecho PSOE al que no conseguía alcanzar.

En la medida en que esta izquierda fracasaba en su intento de valerse del movimiento asambleario del 15M, por mucho que su propaganda siguiera esgrimiéndolo, habrá de admitirse que la manifestación práctica, empírica, de las *multitudes inteligentes* en España volvía a estar pendiente de configuración. El propósito de este libro es demostrar que, de darse en algún sitio en el Estado español esta acción de las multitudes inteligentes, es en Cataluña, porque solamente en Cataluña se articula territorialmente una oposición real al sistema de la Restauración en España, conducente a una forma republicana y libre de gobierno.

Por decirlo en términos que nos son familiares en historia de la teoría política y remiten a una controversia que se da desde el comienzo de la modernidad en la fijación del concepto de nación, se trata de la contraposición entre la teoría general de la nación y la figura del partido político. Esta oposición es saber convencional en la historia de la filosofía política. Los primeros teóricos de la nación en sus formas iniciáticas, Hume, Rousseau, Madison, eran contrarios a la formación de partidos políticos porque estos fragmentaban la nación. La pugna, sabido es, está lejos de haberse resuelto y, si acaso, se ha llegado a un equilibrio inestable (y, de hecho, periódicamente alterado) entre la cultura política *nacional* y la *partidista*. Nos apartaría de nuestro hilo argumental incidir en esta disyuntiva como uno de los mecanismos de la evolución política de los países occidentales, pues tendríamos que hablar de las relaciones entre los partidos *nacionales*, los de *clase*, los *ideológicos*, los *religiosos*, etc. Sea suficiente con retener que esta oposición entre la concepción nacional de la política y la partidista se traslada sin más al ámbito digital y que, aunque el sintagma *multitud inteligente* puede aplicarse a las diferentes formas de acción colectiva, en algunos casos (el de la acción de las naciones) está más justificado que en otras (el de los partidos políticos), por similares que puedan parecer a primera vista.

La mejor forma de profundizar en el conocimiento de las *multitudes inteligentes* como fenómeno propio de nuestro tiempo es ahormarlas en un marco preexistente, sin condicionar por ello su peculiaridad. Vimos más arriba que la promesa de la era digital era la reaparición del horizonte de la cosmópolis kantiana, pero, al mismo tiempo, teníamos que reconocer que los universos digitales son fundamentalmente nacionales y que esta condición nacional se articula preferentemente sobre la base de la comunidad de la lengua, y ello sin ignorar el hecho, nada irrelevante a nuestros efectos, de que esa delimitación nacional aparece mediada con características estatales. La dinámica de las comunidades estatales que comparten lengua con otras no es exactamente igual a la de las que no lo hacen. Es algo que debe tenerse en cuenta, aunque su consecuencia se apreciará más abajo. Aquí lo que nos interesa es dejar bien claro que todo partido (como Podemos, o cualquier otro) que se articule como una red distribuida se encuentra comprendido en una red distribuida mayor de carácter nacional, mientras que, al revés, no toda red distribuida nacional tiene por qué coincidir con la de un partido político, ni siquiera aunque se autotitule *partido de todo el pueblo* o *partido nacional*.

En resumen, de lo anterior se sigue que el marco nacional es el coincidente con el de la multitud inteligente. Pudimos verlo cuando, con ocasión del estallido de la crisis de 2008, algún país, como Islandia, planteó una acción colectiva de salida de la crisis, nacional, a través de la política 2.0, mediante la acción colectiva a través de las redes distribuidas (Popper, 2014), específicamente cuando la nación pasa de ser en sí a ser para sí y se moviliza en pro de una reivindicación de carácter estatal. Es cierto que el de Islandia es un ejemplo de validez relativa para grandes multitudes, puesto que nos las habemos con un país que no llega a los 350.000 habitantes. Aun así, son magnitudes significativas. No cabe olvidar que Islandia procedió a promulgar una nueva Constitución debatiéndola en abierto a través de las redes distribuidas en el país.

La cuestión es si lo que es válido para un pequeño país de unos centenares de miles de habitantes valdría para otro de millones, como es el caso de Cataluña, con siete millones y medio de ellos. Al respecto, dos consideraciones tienen su peso: la primera es que, al tratarse de cuestiones de ciberpolítica y política 2.0, las cantidades son menos relevantes porque la capacidad de procesamiento de datos es infinitamente mayor que en la política convencional. La segunda es que hay una necesaria diferencia entre la acción colectiva de la nación en sí y la de la nación para sí. En el caso de Islandia, la acción colectiva iba orientada a resolver un problema específico que afectaba a la justicia en la nación, pero no a la misma existencia de esta, mientras que en el de Cataluña, la acción colectiva se orienta a afirmar el derecho de la nación a existir, a preservarse mediante la consecución de un Estado, un mecanismo jurídico-político que la garantice.

En este momento, debe recordarse que la acción de la nación catalana como multitud inteligente no se da en un vacío político, económico, cultural, etc., en una situación sin pasado y sin restricciones para el presente y el futuro, sino que se da en el conocido contexto en que la nación catalana actúa en el seno de otra que, en el mejor de los casos para Cataluña, puede llegar a aceptar la consideración de la *nación de naciones*, como veremos en el capítulo siguiente, y, en el peor, negar a Cataluña toda condición nacional, como hace la jurisprudencia del Tribunal Constitucional.

Esa consideración de la acción colectiva catalana como multitud inteligente tiene que sostenerse en cinco consideraciones: *a*) la situación al inicio de la acción colectiva; *b*) el piloto; *c*) la multitud; *d*) el contexto; *e*) el empleo de las nuevas tecnologías en el ciberespacio. Son los cinco hitos en el camino de Cataluña hacia su constitución como República independiente.

a) *La situación al inicio de la acción colectiva.* Ya lo sabemos, la problemática relación entre España y Cataluña tiene orígenes remotos. No obstante, a los efectos de este ensayo, entendemos razonable, como ya hemos dicho, fijar la fecha para la consolidación del independentismo como un movimiento de multitudes inteligentes, con unos objetivos y una dinámica propia en la sentencia 31/2010 del Tribunal Constitucional sobre el Estatuto de 2006, y la reacción de rechazo en la sociedad catalana. Así se formuló contundentemente a partir de la Diada de 2012, movida por una consigna suficientemente explícita: *Cataluña, nuevo Estado de Europa.*

b) *El piloto.* El movimiento en marcha después de la frustración de la sentencia del Tribunal Constitucional solo necesitaba un piloto. Y fue a encontrarlo en Artur Mas i Gavarró, según vimos. Por supuesto, nadie postula aquí una relación de liderazgo carismático populista, aunque algo de ello haya a lo largo del proceso, ni tampoco otra de seguidismo de una élite atemorizada que se ve arrastrada por un movimiento popular. No hay caudillismo ni seguidismo, sino una interrelación entre el dirigente y los dirigidos, mediada por un repentino sentido de recuperación de la dignidad nacional, tantos años preterida y tantos más reducida a manera de cambio entre independentistas y unionistas.

c) La multitud. La altísima participación en los episodios que han ido jalonando el proceso, desde la sentencia del Tribunal Constitucional de 2010 hasta la constitución de un Gobierno con un programa u hoja de ruta hacia la independencia, está fuera de duda y ha sido repetidamente señalada por todo tipo de observadores. Pero esa participación no ha sido desestructurada ni solamente articulada a través de las redes, sino que ha englobado al conjunto de la sociedad catalana, comprendiendo no solamente a la gente aislada y sus instituciones representativas en todos los niveles (desde la Generalitat hasta los ayuntamientos), sino también a las organizaciones de la sociedad civil de todos los tipos, partidos, asociaciones culturales, económicas, empresariales, deportivas, etc. Dado que, finalmente, es probable que en esta confrontación entre Cataluña y el Estado habrá de llegarse a una situación conflictiva que quizá incluya desobediencia civil y resistencia pacífica, es importante hacer este inventario de las fuerzas que forman la multitud, porque en ella aparecen los llamados *cuerpos intermedios*, esto es, aquellas instancias sociales que tienen autoridad para orientar la acción colectiva, según la más acrisolada doctrina del derecho de resistencia de los monarcómacos.

d) El contexto. El nacionalismo catalán entendido como multitud inteligente se da en el contexto de una nación sin Estado comprendida dentro del Estado de otra nación, la española, cuyas relaciones con la catalana venimos considerando. Este nacionalismo español en muy gran medida es conservador, reaccionario y excluyente: el Estado español coincide con una nación española concebida durante la mayor parte de su historia, y aún hoy, mayoritariamente con un espíritu unilateral, tridentino, reaccionario y nacionalcatólico. Los intentos bienintencionados de liberar el nacionalismo español de la derecha y articular uno de izquierda, progresista (Candelas, 2014; Fernández Aguilà, 2014) no han tenido ni un éxito mediano, porque la relación de la izquierda española con los nacionalismos es muy problemática, como ya observamos en su momento. Pero el contexto del nacionalismo catalán no se reduce solamente al Estado español. Con suficiente astucia y perspicacia, esa nación catalana se ha volcado a un exterior internacional más amplio, tratando de imponer en los medios de comunicación y la opinión pública extranjeras un relato del independentismo catalán que goce de apoyos crecientes. Ese relato está muy bien enfocado, sacando partido de una mala fama arrastrada de España que esta no consigue contrarrestar y alimentada con la actividad de los voluntarios catalanes en el exterior, apoyados por un servicio de diplomacia pública que la Generalitat cuida con especial ahínco. Parte nada desdeñable de este éxito internacional radica también en los caracteres democráticos y pacíficos del movimiento reivindicativo catalán, que permitirán, llegado el momento, solicitar una intervención y/o mediación de la comunidad internacional cuya primera exigencia será la realización de ese referéndum que las distintas fuerzas políticas españolas se han negado tan tozuda como absurdamente a hacer.

e) El empleo de las nuevas tecnologías en el ciberespacio. Cualquiera que haya seguido la acción colectiva por la independencia de Cataluña sabe que el empleo de las redes sociales ha sido permanente, omnicomprensivo, continuado y muy intenso. Las grandes movilizaciones de las Diadas, las manifestaciones, las consultas y las votaciones se han hecho valiéndose de las redes sociales. Todas las asociaciones y organizaciones de la sociedad civil con incidencia en el movimiento participan de esta dinámica de las redes distribuidas. Y también desde el punto de vista simbólico se da esta relación entre la nación catalana y el independentismo. La organización de los actos de la Via Lliure catalana se hicieron utilizando toda la simbología y la iconografía de internet, con lo que se quería subrayar el hecho de que la movilización popular se hacía de acuerdo con las pautas simbólicas de las nuevas tecnologías.

En definitiva, la argumentación en favor de una acción colectiva en pro de la independencia catalana es fácil de exponer y resulta convincente. Tanto que en una especie de *exuberantia cordis*, algunos independentistas catalanes llevan su razonamiento a extremos que pueden parecer paradójicos a primera vista pero que, bien mirados, no lo son en modo alguno, como el de que la independencia de Cataluña interesa a España (Bosch, 2014).

4.
Los argumentos en los debates

El proceso independentista se da en un contexto de controversia y conflicto. Hace años que las posiciones a favor y en contra llevan enfrentadas, acumulando debates, teorías, doctrinas, artículos, ensayos, libros y, más recientemente, todo tipo de adminículos audiovisuales, podcasts y vídeos. Debe de haber cientos de obras sobre los derechos de Cataluña, los de España, sus trayectorias históricas, la conveniencia de seguir juntos o la de hacerlo por separado. Durante ese prolongado debate se han acumulado argumentos de toda clase, se han escudriñado los últimos recovecos doctrinales de todo tipo de teorías, se ha echado mano de autoridades historiográficas, filosóficas, jurídicas; se ha recurrido a la literatura, el teatro, el cine, la música, la poesía. El conflicto ha entrado en todas las actividades humanas y ha dejado huella. Las distintas disciplinas académicas, la sociología, la economía, la historia, el derecho, la ciencia política, rebosan de investigaciones al respecto. Intentar una síntesis de tan abundantísimo quehacer fuera desmesura. Por tanto, y excusándonos de antemano por las inevitables carencias, haremos un resumen de los principales argumentos en pro y en contra de la independencia, agrupándolos en cuatro grandes órdenes: histórico, jurídico, político y económico.

Histórico

Una de las cuestiones más debatidas en el proceso independentista es si Cataluña fue independiente o no en algún momento del pasado.

Quiérese decir con ello más o menos que la legitimidad de la pretensión de independencia sería distinta en caso de que el territorio hubiera sido soberano en tiempos anteriores, porque, en tal caso, podría esgrimirse un derecho a recuperar esa soberanía que hubiera sido suprimida por la fuerza de las armas. Caso de no haber sido independiente o soberana, no cabría esgrimir ese derecho. El argumento es de una pobreza angustiosa, porque no hay razón por la que el derecho a la independencia no pueda ser sobrevenido, en cuyo caso la constancia de una anterior es irrelevante.

El razonamiento encierra además un claro anacronismo, ya que aplica conceptos como soberanía, acuñados en el sentido moderno durante el siglo XVI a momentos anteriores. Si de lo que se trata es de saber si Cataluña ha sido alguna vez independiente del Reino de España, la respuesta es «no» por la sencilla razón de que el Reino de España es posterior a la existencia de Cataluña como entidad jurídico-política y, por lo tanto, histórica. Una de las lucubraciones preferidas por la historiografía nacionalista española es la de si puede o no hablarse con propiedad de una conciencia de España o de las Españas con anterioridad a la unión de las Coronas de Castilla y Aragón. Cuestión asimismo ociosa por cuanto discute sobre la *conciencia* del ser de España, pero no sobre su fundamento material, porque, evidentemente, no existía, como no existe la Corona de España, que no es sino un objeto heráldico, carente de realidad material. España, como entidad política, surge de la unión de las dos Coronas citadas y el uso del vocablo con anterioridad designa una multiplicidad de organizaciones de todo tipo e incluso de dominaciones políticas sometidas a civilizaciones y religiones distintas. Quien sostenga que España existe desde los tiempos de Recaredo o de Viriato ha de estar dispuesto a reconocer que esa España fue musulmana durante largos siglos. Si ese ser musulmán refleja una realidad sustancial o se trata de una ocupación pasajera es cosa que queda para polémicas posteriores y no de gran interés.

Así pues, el problema pasa a ser si Cataluña fue independiente en algún momento con anterioridad a la existencia misma de España, incluso con anterioridad al auge de la noción de soberanía como poder territorial de los Estados y hasta del concepto mismo de Estado, y eso es bastante innecesario. Cataluña empieza a existir en forma de condados como parte de la Marca Hispánica del Imperio carolingio en el siglo IX. Manuel Castells considera que «su nacimiento oficial como nación suele fecharse en 988, cuando el conde Borrell cortó finalmente los lazos con el resto del Imperio carolingio» (Castells, 1997: 66). En el siglo X el condado de Barcelona, como el resto de la Marca Hispánica, es prácticamente independiente de la monarquía carolingia y trata de expandirse mediante anexiones hasta que, gracias el matrimonio de Ramon Berenguer IV con Petronila de Aragón, el condado de Barcelona pasó a formar parte de la Corona de Aragón, aunque conservando todas sus instituciones y leyes. El propio Ramon Berenguer sucedió a su suegro, Ramiro, que se retiró a un convento y, aunque no está definitivamente claro bajo qué títulos gobernaron él y su descendencia, es razonable sostener la tesis de que la dinastía reinante en Aragón fue la Casa de Barcelona. El acceso al trono de Jaime I el Conquistador engrandeció la Corona con numerosas conquistas y, poco a poco, se fueron estableciendo las instituciones que darían personalidad a la posterior Cataluña, las Cortes Catalanas, establecidas en 1192, y la Generalitat de Cataluña, en 1365. Algunos de sus documentos institucionales básicos tuvieron alcance internacional. El *Libro del consulado del mar*, de 1370, la más importante recopilación del derecho marítimo del Mediterráneo, traducido a distintas lenguas, estuvo en vigor hasta el siglo XIX.

Resulta, por tanto, bastante claro que la cuestión de si Cataluña ha sido o no independiente en el sentido moderno, entendiendo por tal el que se da a partir del Tratado de Westfalia, es indiferente. Su existencia propia como entidad jurídico-política es anterior a la de España y siempre tuvo un estatuto especial como parte de la Corona de Aragón, con sus instituciones, leyes, usos y lengua propios. Tras su incorporación a la Corona de Aragón y, a través de esta, a España, los catalanes participaron con mayor o menor provecho en las empresas españolas, pero, siempre celosos de sus libertades, provocaron conflictos cuando las creyeron menoscabadas. Así, durante la Guerra de los Treinta Años, el Principado se declaró república bajo la presidencia de Pau Claris, presidente de la Generalitat, independiente de España y bajo la autoridad de Francia, que, por entonces, utilizaba todos los medios posibles para minar la influencia española en Europa. Alguien aficionado a los bizantinismos o, como decía Unamuno, a contar los pelos del rabo de la esfinge podría argumentar que, con su declaración en república, Cataluña se había independizado de la monárquica España y su sumisión a Francia, precisamente, ponía de manifiesto que era independiente respecto de España, que es quien, a estas alturas, plantea estas reservas y objeciones. Pero no es preciso perder el tiempo en estas quisicosas. Reiteremos que el argumento de la previa independencia de un territorio, incluso en la época premoderna, para aceptar su reivindicación separatista posterior es inane. Tomándolo en su acepción más evidente, prácticamente casi ningún Estado independiente del mundo tendría derecho a serlo.

Con motivo de la Guerra de Sucesión, Cataluña, que originariamente se había puesto del lado del pretendiente francés, se decantó luego por el austriaco, en buena medida en la confianza de que, a tenor del espíritu descentralizador y hasta confederal de los Austrias, el archiduque Carlos conservaría sus instituciones y libertades. La victoria del pretendiente Borbón trajo consigo poco después la abolición de todas las instituciones, fueros y usos catalanes a través del Decreto de Nueva Planta, no preservándose sino el derecho civil aragonés y catalán. Durante las guerras carlistas del siglo XIX, especialmente la primera, Cataluña se alzó de nuevo a favor del pretendiente, contra la monarquía isabelina, y, como hemos visto en capítulos anteriores, comenzó una tarea de recuperación de la lengua, cultura y folklore catalanes y la consolidación de un movimiento nacionalista en la línea de los nacionalismos alemán e italiano, y con una vertiente fuertemente federalista a través de la obra de Pi i Margall.

En la actualidad, Cataluña camina de nuevo hacia su independencia, bajo la forma de la república catalana. Como en tiempos de Pau Claris.

La sola reforma del *statu quo* que el nacionalismo catalán parece dispuesto a admitir a falta de la independencia sin más es aquella que sitúe a Cataluña en pie de igualdad con España en cualquier forma de organización política que se dé. Lo que la Iglesia católica llama unión *aeque principaliter*, cuando une dos diócesis pero les mantiene el mismo rango, ninguna subordinada, ninguna supraordinada. Cataluña y España de igual a igual. No con una soberanía compartida, sino dividida y separada, pero iguales. Dos entes soberanos que actúan conjuntamente tras haber formulado una voluntad a la que llegan de común acuerdo.

Aeque principaliter es asimismo la fórmula ideológica que han fabulado quienes defienden la conquista del Reino de Navarra por Fernando de Aragón, disimulándola como si no fuera una ocupación, sino una unión voluntaria entre España y Navarra, dos entes soberanos que mantienen su soberanía, al amparo de la Corona. Esta quimera es el meollo de la Ley Paccionada de 1841 y del amejoramiento del fuero de 1982, ambas justificaciones del sometimiento real de Navarra a España.

¿Quiere esto decir que la doctrina *aeque principaliter* sea una falsedad deliberada, una excusa para embellecer las políticas anexionistas? ¿Que sea una ficción en sí misma y no sirva para su objetivo? En absoluto. Como muchas otras formas constitucionales, es neutra, instrumental, y su resultado dependerá del uso que de ella se haga. La idea de las monarquías compuestas está basada en este principio. La forma *monarquía* se adapta bien a este tipo de unión: Estados soberanos con sus gobiernos, sus parlamentos, sus sistemas judiciales, que coordinan sus acciones, especialmente en el ámbito exterior, y reconocen una única jefatura del Estado. Esta, en la persona de un rey que reina pero no gobierna y actúa como garante de la vigencia del pacto, tiene una función integradora en la medida en que cuenta con la lealtad de todas las partes. Es decir, una especie de confederación, última forma que adopta el Estado antes de desintegrarse en unidades independientes.

Al inicio de su reinado, Felipe VI dejó caer unas referencias indirectas a la cuestión territorial española. Estaban animadas de un espíritu más propenso al reconocimiento de la *pluralidad* española de lo que lo estuvo su padre y, da la impresión, lo está la clase gobernante. Pero sigue siendo una *pluralidad* indeterminada. Probablemente más avanzada que la España *plural* que reconocía Aznar hace unos años, quizá refiriéndose a los coros y danzas de la Sección Femenina. Pero todavía lejos de admitirse como *pluralidad nacional*, esto es, como la realidad en que conviven mejor o peor varias naciones. En un alarde de pluralismo, Felipe VI reconoció el derecho de sus súbditos a tener formas distintas de sentirse españoles. Es mucho, desde luego, pero no tanto como si reconociera también su derecho a no sentirse españoles.

¿Qué alcance tendría esta unión? Esa sería la materia en debate en una posible convención. Cualquier forma entre una federación y una confederación entre España y Cataluña en función del principio del *aeque principaliter*. Quedaría el problema de cómo respiraría el resto de España. En un primer momento, seguramente, como lo hizo con el título VIII de la Constitución. O sea, *aeque principaliter* para todos. Pero quizá hubiera un segundo momento en el que se reflexionara que, no resultando viable la fórmula homologadora, ha sido causa del fracaso del Estado autonómico. Y de los fracasos hay que aprender.

Habría algún precedente. Entre 1867 y 1918, el Imperio austrohúngaro fue en teoría una monarquía compuesta de Austria y Hungría; pero no había una igualdad real entre ambas, como se deriva de su propio nombre oficial de *Majestad Imperial y Real*. Es cierto que la denominación *Imperial y Real* (*kaiserlich und königlich*, abreviado como *k. u. k.*) venía de tiempos muy anteriores, pero, después de la guerra con Prusia, la denominación se restringió a Austria y Hungría. La *kakania* de Musil, que en algo se parecía a España, aunque no fuera más que en el conservar como reinante a la Casa de Austria, que también lo había sido en estos desgraciados pagos.

Hay un inconveniente real para un plan de este tipo y es el carácter republicano de uno de los principales partidos soberanistas, Esquerra Republicana de Catalunya, uno de los más importantes en Cataluña. Si el Principado opta por la república, un plan de este tipo no encaja del todo. No podría llamarse *monarquía compuesta*; aunque quizá podría recurrirse al nombre de *Estado compuesto*, en el que, a fuer de original, una parte fuera monárquica y la otra republicana. Entre los Estados miembros de la Commonwealth, que tiene como cabeza a la reina de Inglaterra, se encuentra la India, una república. Cierto, el relativismo inglés no es fácilmente exportable a otros lugares del planeta. Además, tampoco conviene olvidar que la Commonwealth no es siquiera un Estado, sino una especie de liga.

Jurídicos

Los argumentos jurídicos en pro y contra de la independencia de Cataluña han sido de los más esgrimidos, quizá hasta el cansancio. El reciente resurgir independentista se ha basado en la necesidad de reconocer y hacer efectivo un problemático *derecho a decidir* en torno al cual gira una copiosa controversia doctrinal y jurisprudencial entreverada de consideraciones de *Realpolitik* que a veces bordea lo bizantino, y casi nunca disipa la sospecha de que se trata de acumular argumentos aparentemente científicos para ocultar intereses tanto a favor como en contra de la posibilidad de independencia de Cataluña. En las consideraciones que siguen no se trata de menoscabar el derecho a decidir en cuanto a la consistencia o legitimidad de su contenido, con los cuales el autor de este ensayo está de acuerdo. Se trata de ver el problema con realismo y desapasionamiento y de enjuiciar ese derecho en términos de un criterio familiar a los economistas pero insólito entre los juristas, el de *eficiencia.* Esto es, no se investigará la justificación del derecho a decidir, ni su posible anclaje en el ordenamiento constitucional español, vía doctrina o jurisprudencia, sino solamente su necesidad y las razones que explican el uso que de él se hace.

El término *derecho a decidir* es deliberadamente ambiguo y probablemente peca de exceso de prudencia. Su origen en cuanto a su actual empleo se encuentra en la Propuesta de Estatuto Político de la Comunidad de Euskadi, que equivalía a una reforma radical del Estatuto vasco de Autonomía, y que convertía a Euskadi en un «Estado libre asociado» a España. La denominación es calcada de la oficial de Puerto Rico (Estado Libre Asociado de —o *Commonwealth of*— Puerto Rico), que no parece encajar bien en las pretensiones últimas de los nacionalistas vascos. También trae ecos de la designación oficial de Baviera en Alemania, como *Freistaat Bayern* o Estado Libre de Baviera, aunque tampoco se ciñe a aquellas intenciones dado que esta designación, que Baviera comparte con otros dos *Länder* de Sajonia y Turingia, es puramente semántica, sin efectos políticos ni jurídicos. La propuesta, popularmente conocida como *Plan Ibarretxe*, aprobada por el Parlamento vasco el 30 de diciembre de 2004, se presentó al Parlamento español el 1 de febrero, en donde fue rechazada por unos contundentes 313 votos en contra (PSOE, PP, IU, CC y CHA), frente a 29 a favor (PNV, ERC, CiU, EA, NaBai y BNG) y 2 abstenciones (ICV). Ya en el preámbulo de aquel hoy difunto texto se deducía el intento de acuñar una nueva expresión, *derecho a decidir*, como sinónimo o consecuencia (que tampoco está muy claro) del derecho de autodeterminación. Decía el preámbulo de dicho texto: «El pueblo vasco tiene derecho a decidir su propio futuro, tal y como se aprobó por mayoría absoluta el 15 de febrero de 1990 en el Parlamento Vasco, y *de conformidad con el derecho de autodeterminación de los pueblos*, reconocido internacionalmente, entre otros, en el Pacto Internacional de Derechos Civiles y Políticos y en el

Pacto Internacional de Derechos Económicos, Sociales y Culturales»[6] (la cursiva es nuestra).

El uso y destino posterior del concepto demuestra que las cosas siguen así: en muy gran medida, se habla de derecho a decidir por no hablar de derecho de autodeterminación, probablemente porque se piensa que este último tiene unos límites legales, doctrinales y jurisprudenciales muy claros que no avalan la pretensión de los independentistas de aplicarlo en Cataluña. Se buscan trabajosamente las diferencias, incluso se inventan a los efectos de evitar el rechazo que se asume de antemano provocará el empleo del concepto de autodeterminación, y quizá sea peor el remedio que la enfermedad: se acepta de antemano que la fijación legal, doctrinal y jurisprudencial del derecho de autodeterminación excluye su empleo en Cataluña y se soslaya esta pretendida imposibilidad recurriendo a un sintagma menos rígido. Y aquí es donde se plantea el problema de la eficiencia. Quizá sea menos rígido, pero plantea otro tipo de problemas de nada fácil solución y cuestiona la necesidad de recurrir a él, visto lo magro de sus resultados.

El derecho de autodeterminación suscita muchos interrogantes, como veremos de inmediato, pero su bienintencionado sustituto aún los provoca mayores, por ser un concepto mucho más ambiguo, de contornos más difusos y polisémicos. Tanto, que mucha gente razonable sostiene que no existe (Ortega Carcelén, 2014). Entiéndase bien: no que no exista como principio filosófico. El derecho a decidir es inherente a la condición humana en función del principio kantiano de autonomía de la persona. Es más, según el existencialismo, decidir es más que un derecho, es una nota característica de los seres humanos, pues estamos condenados a ser libres, o sea, a decidir, nos guste o no. Pero no es de esa condición filosófica individual de la que quieren hablar los paladines del

6. Puede verse el texto en castellano en el dictamen del Parlamento vasco en http://web.archive.org/web/20070715174650/http://www.nuevoestatutodeeuskadi.net/docs/dictamencomision20122004_cas.pdf.

derecho a decidir, sino de este como derecho subjetivo público y su impacto colectivo y en función de un principio democrático que, siendo tan vagaroso como el derecho que quiere apuntalar, tampoco es convincente en sí mismo. También hay opiniones razonables, no alucinadas, para las cuales el derecho a decidir ni siquiera es democrático, por ejemplo, la de Javier Cercas en un brillante artículo (Cercas, 2013). Incidentalmente, en el momento de publicarse el artículo, en el Parlamento catalán había 24 diputados independentistas, esto es, un 17 % del total, como el mismo Cercas señala. A continuación pregunta: «¿Cuántos diputados sumarían los independentistas si en unas futuras elecciones el resto de partidos dijera con claridad si quiere la independencia o no?». La realidad se ha encargado de darle la respuesta en las elecciones del 27 de septiembre de 2015: 72, mayoría absoluta, y eso que no se cumple por entero la condición de claridad que él exige en el campo no independentista. La pregunta ahora es: ¿escribiría Cercas el mismo artículo?

Volveremos más adelante sobre la cuestión de la titularidad individual o colectiva del derecho a decidir. De momento detengámonos un instante en perfilar las relaciones reales entre el derecho a decidir y el derecho de autodeterminación para dejar el campo desbrozado. Antes hemos de averiguar si la realidad avala nuestra hipótesis de que el llamado derecho a decidir es solamente un eufemismo, un *flatus vocis* para soslayar un problema que se juzga (erróneamente) irresoluble y buscar una salida pacífica y negociada a una situación que podría tener una indeseable deriva violenta. Ambos propósitos, es de insistir, encomiables en sí mismos, pero escasamente eficientes.

Lo primero que suele argumentarse (con plena aceptación de los defensores del derecho a decidir) es que el derecho de autodeterminación no está previsto para casos como el catalán, sino para el de los países sometidos a colonialismo, al menos, como está concebido en los textos pertinentes de las Naciones Unidas. Siempre que un determinado territorio de un Estado participe en condiciones de igualdad con la organización democrática del Estado de derecho de este, esa condición colonial no se dará. Esto es algo admitido en derecho internacional. De hecho, en la lista de la ONU de territorios que no tienen autogobierno, es decir, de las colonias actuales, no figura Cataluña.

Desde el punto de vista histórico, el principio de autodeterminación suele atribuirse al presidente Woodrow Wilson, quien lo habría incluido en sus famosos catorce puntos al final de la Primera Guerra Mundial; sin embargo, ese derecho no aparece mencionado *expressis verbis* en ninguno de dichos puntos. Sí está, quizá, su espíritu, que impregna todo el documento, con expresiones próximas, como *independent determination* (hablando de Rusia) o *autonomous development* (hablando de los pueblos de Austria-Hungría o del Imperio turco) y, desde luego, en el punto v, que reza: «Una solución de todos los litigios coloniales basada en la libertad, la amplitud de miras y la imparcialidad, basada en la observancia estricta del principio de que, al determinar todas las cuestiones de soberanía, los intereses de todos los pueblos deben pesar tanto como el de un gobierno equitativo cuyo título está por determinar».[7]

Varios de los otros puntos resolverían litigios territoriales diversos (Bélgica, Italia, Polonia, etc.) aplicando siempre el principio de las nacionalidades. Obviamente, este principio nos lleva a la resbaladiza cuestión de la nación y, de significar algo, supone que una nación reconocida como tal tiene derecho a su pleno desarrollo autónomo y, por supuesto, su autodeterminación. Es decir, toda nación tiene derecho a constituirse en Estado propio. Con independencia de que haya sido o no colonia (asunto este también incierto, pero sobre la que no podemos detenernos aquí) y con independencia de si el Estado del que quiera separarse la trata con mayores o menores miramientos democráticos, cuestión en la que los especialistas suelen mostrarse quisquillosos a la hora de autorizar

7. Véase *President Wilson's Fourteen Points*, disponible en: http://wwi.lib.byu.edu/index.php/President_Wilson's_Fourteen_Points.

o no el uso de la autodeterminación a quienes habitualmente no van a pedirles permiso.

El meollo de la cuestión está siempre en la idea y realidad de la nación y la importancia práctica que tiene el ganarse el reconocimiento de tal, que solo se obtiene mediante acciones performativas y no esperando un reconocimiento gracioso de quien, al hacerlo, cree estar mermando sus posibilidades. Se entiende por qué el Tribunal Constitucional español, en su sentencia 31/2010, se negó taxativamente a reconocer la condición nacional de Cataluña. No quería destapar la caja de los truenos, ni dar pie a que Cataluña pudiera reivindicar un Estado propio. Se trataba de una sentencia, por así decirlo, *prospectiva*. Y se entiende asimismo por qué algunos defensores del derecho a decidir consideran que este no depende de que el colectivo que ha de ejercerlo sea o no una nación (Corretja Torrens, 2016: 69).

Si no nos arredramos ante el *principio de las nacionalidades*, si no nos asustamos por la presencia perfectamente legítima de las naciones en la vida de los sistemas políticos, si no aceptamos la injusticia de que unas naciones nieguen a otras su derecho a serlo, si no pretendemos librarnos de los problemas a base de escabullir el bulto, es claro que las demás consideraciones sobre el derecho de autodeterminación son superfluas. Siempre que haya una comunidad humana con conciencia de nación y reconocida como tal, con independencia de su estatus de soberanía y de si se autogobierna o no, tendrá derecho de autodeterminación, esto es, derecho a decidir por sí misma su futuro. Por eso se niega a las naciones la condición de tales. Ahora bien, que el derecho positivo, las instituciones, la misma Constitución nieguen la condición nacional a unas u otras colectividades humanas no significa que estas dejen de tenerla ni de considerarse naciones, pues, como ya dijimos, se trata de un sentimiento, de una conciencia, de una percepción subjetiva y sobre eso no se puede legislar ni enjuiciar.

En este caso suele traerse a colación el antecedente y ejemplo del Tribunal Supremo Federal del Canadá. Habiendo preguntado en 1996 el Gobierno a este, a través de su ministro de Asuntos Intergubernamentales, Stéphane Dion, acerca del derecho de Quebec a la autodeterminación, el *ruling* de la Corte confirmó que ni el derecho internacional ni la Constitución del Canadá admitían el derecho de autodeterminación de Quebec; pero si, no obstante, una proporción considerable de los quebequeses se obstinaba en ejercerlo, el Gobierno federal debiera actuar en consecuencia y negociar una fórmula de compromiso que permitiera a los quebequeses autodeterminarse, siempre que se cumplieran unas condiciones y requisitos de mayorías, minorías, cauces democráticos y respeto de los derechos humanos. Una verdadera lección de sensibilidad democrática que luego se ha aplicado igualmente en el caso del referéndum de autodeterminación de Escocia. Tampoco Escocia contaba con ese derecho de acuerdo con el ordenamiento jurídico de la Gran Bretaña, pero el Gobierno del conservador David Cameron tuvo la flexibilidad suficiente para negociar su ejercicio, cosa que se hizo en 2014 mediante un acuerdo por escrito entre los dos gobiernos, con resultado negativo para la independencia, por cierto, como lo habían sido los de los dos referéndums realizados en Quebec en los años ochenta y noventa.

El derecho de autodeterminación existe, deriva de la condición nacional de las colectividades, es originario, anterior al Estado y no precisa de reconocimiento previo. En este sentido, si se quiere mantener el asunto en la perspectiva estrictamente jurídica, puede decirse que se trata de un rasgo propio del poder constituyente del pueblo. Pero este, según doctrina acrisolada por el paso de la experiencia, también es anterior a la legislación. Si la nación catalana insiste en autodeterminarse, se autodeterminará, digan lo que digan la Constitución española y el ordenamiento internacional, si es que este último dice algo, que no es el caso, y al margen completo de si cabe considerar Cataluña como una colonia o no. Es un caso patente en el que las normas jurídicas no pueden frenar la voluntad de un pueblo (Ridao, 2014: 70). Es también el punto de vista que resignadamente exponía el jurista Francisco Rubio

Llorente, miembro que había sido del Tribunal Constitucional y presidente del Consejo de Estado, al estimar, siendo él personalmente contrario a la secesión de Cataluña, que si los catalanes insistían en autodeterminarse mediante un referéndum, las autoridades españolas tendrían que negociar la forma de realizarlo, aunque no estuviera reconocido en la ley (Rubio Llorente, 2012). Y es también el punto de vista de los defensores del derecho a decidir cuando, llegados al final del camino y, enfrentados a una declaración unilateral de independencia como la que en su día se dio en Kosovo, concluyen con la Corte Internacional de Justicia en este caso concreto que «las declaraciones (*unilaterales*, añadimos nosotros) de independencia no son contrarias al derecho internacional; se trata tan solo de una cuestión fáctica» (Corretja, 2016: 80). Tan fáctico es autodeterminarse como decidir. Es lo mismo. El problema, como muy bien estudia Habermas, no es la *facticidad*, sino la *validez*. Y, en último término, como ya hemos dicho, la *eficiencia*.

Adentrándonos ahora a considerar el caso catalán, suele decirse que ese derecho, llámese de autodeterminación o derecho a decidir, es confuso, que no puede predicarse de los territorios, sino de las personas y de las personas individualmente consideradas, ya que no existen los derechos colectivos porque, como sabemos, no hay sujetos colectivos. El único sujeto de derechos es el individuo. Se trata de un nuevo callejón sin salida porque, si no existen los derechos colectivos y los territorios, como entiende cualquiera, carecen de derechos, nos encontraremos en una situación que, desde Wittgenstein, la filosofía analítica ha condenado al silencio, puesto que de lo que no se puede hablar hay que callarse. Pero ocurre que así como se habla de identidad nacional, cabe hacerlo de autodeterminación de la nación en el sentido de la agregación de los derechos de autodeterminación de los individuos. Es el agregado de los individuos que se consideran a sí mismos como una nación el que decide hacer uso de su derecho de autodeterminación o su derecho a decidir. Y en este sentido el derecho de autodeterminación depende de la voluntad de la mayoría, principio democrático por excelencia.

La conclusión es obvia desde el punto de vista jurídico: no existe el derecho de autodeterminación de una parte de la población territorialmente localizada en el ordenamiento jurídico de ningún Estado. Ningún Estado reconoce en su Constitución el derecho de secesión de una de sus partes, que es, en definitiva, una de las dos posibilidades que se plantean cuando se trata de determinar qué es el derecho de autodeterminación. Ni tampoco puede reconocer el derecho a decidir, aunque se le busque una alambicada definición que trate de soslayar la aciaga sombra de la nación, como: «un derecho individual de ejercicio colectivo de los miembros de una comunidad territorialmente localizada y democráticamente organizada que permite expresar y realizar mediante un proceso democrático la voluntad de redefinir el estatus político y marco institucional fundamentales de dicha comunidad, incluida la posibilidad de constituir un Estado independiente» (López, 2015: 33). Indudable. Derecho a decidir que incluye el derecho a decidirlo todo. O sea, derecho de autodeterminación sin necesidad de pasar el examen de previo estatus colonial, derivado, si acaso, del *principio democrático*, que abordaremos algo más abajo.

El derecho a decidir, en realidad, lleva ese nombre de *derecho* (como en el caso de la autodeterminación) para darle una más augusta conformación jurídica a lo que es un principio político, un objetivo y, en último término, desemboca, como hemos visto, en una situación de hecho. Es, en definitiva, un caso específico del llamado «derecho a tener derechos» (Rodotà, 2014). Se dirá que se trata de una interpretación traída por los pelos porque los ciudadanos catalanes tienen plenitud de derechos en el marco del Estado español, iguales a los del resto de los ciudadanos, como no se cansa de repetir la derecha neofranquista, autotitulada defensora del principio territorial de igualdad de todos los españoles, en cuya eficacia social, sin embargo, no cree. Justamente aquí se plantea una interesante cuestión que viene de la mano del independentismo catalán en la medida en que este es republicano. En cuanto ciudadanos españoles, los catalanes son súbditos de una monarquía; parlamentaria, sí, pero monarquía. ¿Tienen derecho a ser ciudadanos de una república en la que el jefe del Estado, en lugar de serlo por razones dinásticas, hereditarias, lo sea por elección directa o indirecta? ¿Tienen *derecho a decidir* en concreto cómo quieren ser gobernados? Seguramente, los defensores del derecho a decidir dirán que sí. Y harán bien, pero ¿en qué se diferencia ese derecho del de autodeterminación?

Antes de seguir, zanjemos una cuestión previa, una que aparentemente desborda el marco de consideración sobre el derecho de autodeterminación de los catalanes y afecta al conjunto de los españoles, pero que nos va a servir de ejemplo. En efecto, el *derecho a tener derechos* ¿comprende el derecho a decidir sobre su forma de gobierno? Algo así es difícilmente rebatible, ya que apunta al fundamento mismo del Estado liberal de derecho, que, desde los tiempos de Locke, descansa sobre el supuesto del consentimiento de los gobernados. Este es el verdadero contenido del *principio democrático* que se invoca para justificar el derecho a decidir en el caso citado de Rubio Llorente y en el de otros juristas, que, localizándolo en el art. 1.2 de la Constitución española, y afirmando su naturaleza especial, distinto a la normal y entendido como *regla ideal*, lo aducen como fundamento de ese derecho (Vilajosana, 2015: 76).

Yendo al terreno de los hechos, ¿cuándo dieron los gobernados españoles su consentimiento a ser gobernados por una monarquía parlamentaria? Se dirá que, primeramente, en la Ley para la Reforma Política, de 1977, que constituye la pieza básica, fundamental, el núcleo mismo que explica el aparente milagro por el que una dictadura pasó a convertirse en Estado democrático de derecho sin ruptura institucional. Ciertamente, en esa ley iba, como en un paquete o conjunto de otras previsiones de restablecimiento de la democracia y la soberanía popular, la monarquía. Pero la ley presentaba un grave problema de legitimidad, y es que había sido tramitada dentro del espíritu *constitucional* de la dictadura como octava ley fundamental, con lo que no hubiera pasado un recurso de contrafuero que, sin embargo, no se planteó.

Después de la mencionada Ley para la Reforma Política, la monarquía fue incluida sin más consultas populares en el proyecto de Constitución que elaboraron como constituyentes unas Cortes que habían sido elegidas como ordinarias, y que en ningún momento afirmaron estar actualizando el poder constituyente... porque eran constituidas. Un cúmulo de dislates jurídicos que se legitimó por el expeditivo método de someterlo a referéndum en 1978. Pero, al hacerlo, esta Constitución daba por buena la jefatura del Estado que habían establecido las Leyes Fundamentales de Franco, todas ellas perfectamente ilegítimas. Por lo demás, ese asentimiento —que presenta estos vicios tan notables en cuanto a su legitimidad de origen— plantea asimismo un problema en cuanto a legitimidad de ejercicio. El consentimiento que los ciudadanos otorgan al Gobierno según la teoría liberal de raíz contractualista, ¿se entiende dado de una vez por todas, *sub specie aeternitatis*, o cabe pensar que, en ciertas circunstancias, puede pedirse una renovación de ese otorgamiento, esto es una especie de novación del contrato social? Es nuestra opinión que ese *derecho a tener derechos* ampara el de los ciudadanos españoles no solo a gobernarse de acuerdo con su consentimiento, sino también a renovar o no ese consentimiento si las circunstancias lo hacen aconsejable en aplicación del principio de *rebus sic stantibus* y, por tanto, sustituir llegado el caso la monarquía por la república. Y ampara igualmente a los ciudadanos catalanes en virtud de su condición nacional, que es y prevalece por voluntad popular por encima de las restricciones de los diversos poderes del Estado español.

En definitiva, no hay objeción al derecho a decidir y se entiende que se postule para evitar la expresión más comprometida de derecho de autodeterminación. Pero la que no está clara es su necesidad. Como decíamos más arriba, tal parece que la expresión *derecho a decidir* peque de exceso de prudencia, que sea un eufemismo innecesario, porque aquellos a quienes debe convencer con las mejores razones jurídicas no van a dejarse y, en cambio, genera confusiones innecesarias. El *flatus vocis* derecho a decidir trata de incardinar en la reflexión teórica una circunstancia de política práctica: el temor del independentismo catalán y sus instituciones a provocar situaciones de ruptura en el Estado español. De ahí la insistencia con que Carles Puigdemont reitera su propósito de evitar sobresaltos en el proceso independentista y de pasar «de la ley a la ley», en una referencia expresa a la frase que en su día acuñara quien fue uno de los principales artífices de la transición española, Torcuato Fernández Miranda (Puigdemont, 2016). Pero esa remisión no es muy afortunada por dos razones. En primer lugar, porque asocia directa o indirectamente el proceso independentista con el espíritu y las formas de la transición española, que, a sus cuarenta años, es objeto de revisiones muy críticas, la más caritativa de las cuales viene a considerarla como una chapuza. En segundo lugar, la asimilación del proceso con la transición es inadecuada porque hay una diferencia sustancial respecto a la situación en 1975-1978. En aquellos años el *statu quo ante*, esto es, el régimen de Franco, carecía de toda legitimidad y no se la otorgaban ni quienes en el fondo lo defendían, de forma que el cambio se consideraba generalmente como algo inevitable, incluso como garantía de supervivencia. En la situación actual, sin embargo, el sistema de la Restauración y la vigente Constitución de 1978 tienen muchos valedores que los consideran legítimos y se oponen a cambios sustanciales. En 1978 nadie se atrevía a defender la dictadura franquista y reformarla iba a resultar muy fácil. En 2016, en cambio, son muchos quienes defienden la legitimidad del sistema político en su conjunto y, en lo referente a las relaciones entre España y Cataluña, a la hora actual, el apoyo es abrumador, pues, de un Congreso de 350 escaños, 253 apoyan el conjunto del sistema, con algunas reformas de poco alcance, y se oponen cerradamente a todo intento de derecho de autodeterminación o su formulación eufemística de derecho a decidir.

De ahí que la principal preocupación de los argumentos jurídicos en el proceso independentista sea encontrar un «encaje constitucional del derecho a decidir» (Cagiao Conde y Ferraiuolo, 2016), para no ir directamente a una confrontación y buscar una solución negociada, aunque sea a base de forzar las interpretaciones a extremos inverosímiles. Así, aunque el juicio que la famosa sentencia 31/2010 del Tribunal Constitucional merece a los constitucionalistas del derecho a decidir es extraordinariamente negativo, hasta el punto de cuestionar aspectos elementales de su calidad jurídica y jurisprudencial (Ferraiuolo, 2016: 117), creen descubrir en ella un pequeño cabo al que asirse. Una lectura atenta de la sentencia permite deducir que, de forma indirecta pero suficiente, el Tribunal reconoce a los catalanes un derecho a decidir, entendido como una «aspiración política a la que se llegue mediante un proceso ajustado a la legalidad constitucional» que debe respetar los principios de «legitimidad democrática y legalidad» (Ridao, 2014: 43). Por esta vía se han lanzado todos en la esperanza de que se imponga un pluralismo de base ancha de acuerdo con la distinción de Vilajosana entre un permiso *débil* y otro *fuerte* que, según él, se encontrarían en la Constitución (Vilajosana, 2015: 72), que tanto recuerda la distinción de Berlin entre libertad positiva y libertad negativa. Así, Mercè Barceló sostiene que en su sentencia 42/2014, por la que anula la declaración de soberanía y del derecho a decidir del pueblo de Cataluña, el Tribunal Constitucional reconoce el derecho a decidir (Barceló, 2015: 100), que, en definitiva, se puede *construir* como un derecho constitucional que genera obligaciones en los poderes públicos, entre otras, las de formularlo y realizarlo (Barceló, ibíd.: 117-120). Pronto, también esta vía quedaría cerrada. La sentencia del Tribunal Constitucional 31/2015 que declaraba nulos diversos preceptos de la Ley del Parlamento de Cataluña 10/2014, de 26 de septiembre, de consultas populares no referendarias y otras formas de participación ciudadana, zanjaría definitivamente la cuestión, pues cualesquiera proyectos de revisión del orden constituido, sobre todo los que afecten al fundamento del titular único de la soberanía, deben substanciarse «abierta y directamente por la vía que la Constitución ha previsto para estos fines» (Ferraiuolo, 2016: 131).

Por supuesto, sigue habiendo derecho a decidir y derecho de autodeterminación, pero no dentro de la Constitución española ni de su interpretación jurisprudencial. Por eso decíamos al comienzo que la sustitución del temible derecho de autodeterminación por el más afable derecho a decidir no era eficiente.

Políticos

Desde el punto de vista político, el rasgo más característico de las diferencias entre Cataluña y España se da en un aspecto concreto de su cultura política, aunque no en el conjunto de esta, en contra

PARTICIPACIÓN POLÍTICA EN LAS ELECCIONES GENERALES EN ESPAÑA Y EN CATALUÑA (%)

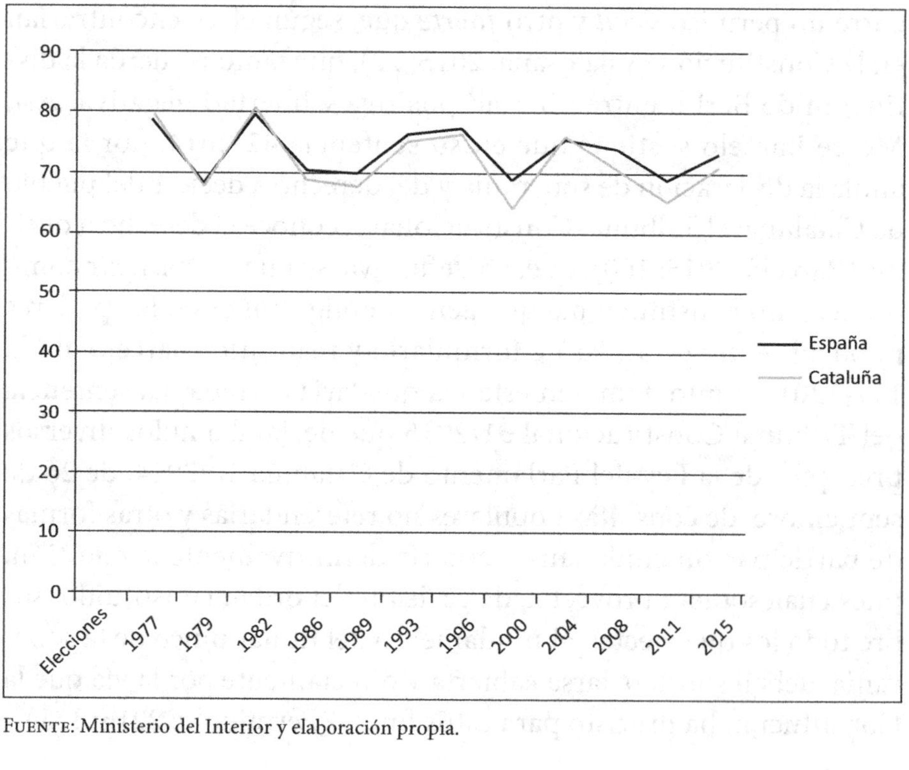

FUENTE: Ministerio del Interior y elaboración propia.

de una idea muy extendida y falsa. En efecto, suele decirse que la cultura política catalana es más participativa que la española. Pero los datos no avalan esta hipótesis. Al contrario. Si se toman los de participación en las elecciones generales, la media española, según los datos del Ministerio del Interior, es de un 73,45 %, mientras que la media catalana en esas mismas elecciones es de 71,98 %, algo inferior a la española, casi un punto y medio por debajo. Como puede verse en el gráfico, la participación política de los catalanes en las elecciones generales sigue de cerca la del conjunto del Estado, aunque ligeramente por debajo.

Algo similar sucede con las elecciones autonómicas. Cabría decir que Cataluña muestra una mayor desafección frente al sistema político de la Restauración que la mayoría de las comunidades autónomas. Si la participación media en las elecciones autonómicas en España es del 67,88 %, unos seis puntos porcentuales inferior a la participación en las elecciones legislativas, en Cataluña es del 62,37 %, cinco puntos por debajo de la media autonómica y diez por debajo de la de las elecciones legislativas.[8]

Obviamente, hay una disonancia, un hiato entre los índices de participación política en Cataluña, y la realidad de una movilización social muy alta cuando se trata de las cuestiones del soberanismo. La cultura política catalana muestra, por tanto, unos rasgos de desafección o apatía democráticos en todo similares a los de la española, pero tiene luego un aspecto que le es privativo, esto es, el del nacionalismo o soberanismo, que ostenta una insólita capacidad de movilización, organizada, en lo fundamental, a base de voluntarios, y que es impensable en España. Esporádicamente se han dado algunos acontecimientos que han suscitado un interés muy amplio de los españoles, pero son aislados, excepcionales y, por lo general, consecuencia de determinadas crisis políticas, espontáneas o fabricadas. Entre las espontáneas cabe resaltar las manifestaciones en

8. Datos obtenidos de la página *Història electoral*, http://www.historiaelectoral.com.

contra de la guerra criminal de Irak iniciada por Bush, Blair y Aznar, y las de repulsa por el asesinato de Miguel Ángel Blanco. Entre las fabricadas y/o manipuladas, las que organiza de vez en cuando la Iglesia católica por alguno de sus motivos, como su lucha contra el derecho al aborto o contra el derecho de los homosexuales a contraer matrimonio, a las que llaman *defensa de la familia*.

Diferencias y muy interesantes se dan también en el sistema de partidos. Un tema recurrente en los últimos años en España ha sido lo que algunos han planteado como una lucha en contra del bipartidismo. Efectivamente, desde un punto de vista político práctico, el sistema de partidos en España puede considerarse como bipartidista, dado que entre 1977 y 2011, la media de concentración del voto de los dos partidos dinásticos, PP (al principio UCD) y PSOE, ha sido de 70,43 %, y la media de concentración parlamentaria, esto es, cantidad conjunta de escaños de ambos partidos, del 81,79 %. Un evidente sistema bipartidista. El aparente éxito de los llamados *partidos emergentes* desde las elecciones de 2015 consiste en que el grado de concentración ha descendido al 50,71 % (unos veinte puntos menos) la concentración del voto y al 60,85 % (otros tantos) la concentración de escaños, lo que permite hablar en principio de un sistema multipartidista moderado. Por supuesto, está por ver que esta situación se consolide. Desde un punto de vista teórico, sin embargo, el sistema español de partidos podía entenderse también como un sistema multipartidista *sui generis*. Efectivamente, los dos partidos dinásticos alcanzaban las citadas medias tan altas, pero eso quiere decir que el resto, esto es, un 30 %, aproximadamente, en el voto y un 20 % en escaños, correspondían a otros partidos, entre los cuales los había de muy distinta naturaleza. De un lado, algunos partidos menores de ámbito estatal, como IU y UPyD, ambos con muy escasas expectativas y nula fuerza parlamentaria, pero existentes. Luego estaban los partidos nacionalistas, que, siendo de base autonómica, no estatal, también tenían escasa pero significativa presencia parlamentaria. Decimos significativa porque, en ciertas condiciones, estos partidos nacionalistas (tanto CiU como PNV) han posibilitado, mediante alianzas de legislatura, producto de sus acuerdos y negociaciones, la gobernación del Estado, al igual que, a la inversa, en el País Vasco y Cataluña, esa gobernación se ha garantizado ocasionalmente mediante alianzas parlamentarias o de gobierno de los respectivos partidos nacionalistas con alguno de los dinásticos.

En todo caso, en comparación con el sistema español, el sistema catalán de partidos es decididamente multipartidista. Desde 1980 hasta 2006 hubo cinco partidos en el Parlamento. A partir de 2006 se incrementó en uno, Ciudadanos. En 2012 hizo su aparición la CUP nacional, con tres diputados, y en 2015 Podemos, a través de la coalición electoral Catalunya Sí Que Es Pot, con lo cual el Parlament cuenta con ocho partidos con cantidades de escaños relativamente proporcionadas. Esta diferencia en la cantidad de partidos ha tenido también su consecuencia en la práctica de la constitución de gobiernos. Si recordamos que CiU fue desde sus comienzos hasta su ruptura, en 2014, una federación de dos partidos, puede decirse que Cataluña ha tenido siempre gobiernos de coalición. Si, al contrario, damos a CiU como un partido de hecho, en Cataluña ha habido siempre Gobierno monocolor (CiU) excepto las dos legislaturas de 2003 y 2006 (los llamados *gobiernos tripartitos*) y la de 2015, cuando el gobierno correspondió a Junts pel Sí. A su vez, los gobiernos monocolores, salvo en dos ocasiones de mayorías absolutas (1988 y 1992), se han venido apoyando en votos favorables o abstención en otras fuerzas políticas.

No se trata solamente de aprovechar la leyenda tradicional del talante pactista de los catalanes, su tendencia a la negociación y el acuerdo en la esperanza, es de suponer, de conseguir a través de ellos una táctica *win-win*. Se trata de reconocer que hay unos condicionantes institucionales que no pueden ignorarse, porque, a veces, dan origen a situaciones poco usuales. Por ejemplo, una de las acusaciones de las que no se libran los nacionalistas catalanes es la del etnicismo. Pues bien, Cataluña es la única comunidad autónoma, junto con Madrid, rompeolas de las Españas, que ha llegado a tener un presidente foráneo, José Montilla, natural de Jaén. Es impensable que Galicia la presida un ciudadano que no sea gallego o Andalucía uno que no sea andaluz. Esta tendencia al acuerdo, la negociación, el pacto que está presente en la vida política de Cataluña es una prueba más de las diferencias entre las culturas políticas española y catalana.

Algo similar ocurre con el sistema de medios. En su conocida obra sobre los sistemas de medios, Hallin y Mancini clasifican el español como modelo mediterráneo o «pluralista polarizado», pero esto no reza tan claramente con Cataluña. Sí el pluralismo, pero no la polarización. La prensa y los medios en general en el Principado son mucho menos partidistas y agresivos que en España, más moderados, menos radicales. Se añade, además, que el bilingüismo incide en este aspecto desde el momento en que genera un terreno de común acuerdo en la protección de la lengua propia. Prácticamente todos los medios digitales están en catalán, y de la prensa en papel, mientras *La Vanguardia* se publica casi íntegramente en español, *El Periódico de Catalunya* tiene dos versiones, una catalana y otra española.

Pero la cuestión de cultura política en la que se aprecian diferencias más llamativas entre Cataluña y España es la relativa al sentimiento y el orgullo nacionales y el sentido de la patria. Recordemos los datos que vimos en el capítulo 2 acerca de las identidades nacionales de las distintas comunidades autónomas y cómo el porcentaje menor de identidad solo española se concentraba en las tres comunidades Navarra, País Vasco y Cataluña. Si ahora indagamos por los datos de cultura política atingentes al orgullo de ser español y la disposición a defender España si se viera atacada, los resultados son también muy significativos. Las tres comunidades en donde hay más gente «muy poco o nada orgullosa» de sentirse española son: el País Vasco (59,3 %), Cataluña (48 %) y Navarra (29,4 %). Volvemos a encontrarnos con las tres comunidades autónomas que mayor desapego muestran hacia la identidad española, pero de nuevo nos concentramos en Cataluña por razones obvias. A la inversa, en los datos respecto a la población que se siente «muy orgullosa» de ser española se cuentan Cantabria, que va a la cabeza, con un 68,8 %, seguida de Murcia, con un 58,7 %, Extremadura (55,9 %), Castilla-La Mancha, (55,5 %) y Andalucía (51,4 %).

SENTIMIENTO «ORGULLO DE SER ESPAÑOL» POR CC. AA.

	Muy orgulloso		Bastante orgulloso		Poco orgulloso		Nada orgulloso	
	n	% fila	n	% fila	n	% fila	n	% fila
Andalucía	224	51,4 %	153	35,1 %	41	9,4 %	10	2,3 %
Aragón	31	43,1 %	26	36,1 %	8	11,1 %	2	2,8 %
Asturias	33	55,0 %	24	40,0 %	2	3,3 %	1	1,7 %
Baleares	21	35,6 %	31	52,5 %	5	8,5 %	1	1,7 %
Canarias	36	32,4 %	53	47,7 %	14	12,6 %	6	5,4 %
Cantabria	22	68,8 %	6	18,8 %	1	3,1 %	3	9,4 %
Castilla-La Mancha	61	55,5 %	32	29,1 %	12	10,9 %	3	2,7 %
Castilla y León	71	50,7 %	54	38,6 %	11	7,9 %	3	2,1 %
Cataluña	80	20,2 %	118	29,7 %	97	24,4 %	96	24,2 %
Comunidad	106	39,1 %	116	42,8 %	33	12,2 %	14	5,2 %
Extremadura	33	55,9 %	23	39,0 %	2	3,4 %	1	1,7 %
Galicia	46	29,9 %	87	56,5 %	14	9,1 %	6	3,9 %
Madrid	145	44,3 %	110	33,6 %	40	12,2 %	24	7,3 %
Murcia	44	58,7 %	28	37,3 %	3	4,0 %	0	0,0 %
Navarra	5	14,7 %	19	55,9 %	5	14,7 %	5	14,7 %
País Vasco	2	1,7 %	28	23,7 %	30	25,4 %	40	33,9 %
La Rioja	6	37,5 %	6	37,5 %	4	25,0 %	0	0,0 %

FUENTE: Informe del Instituto de Estudios Estratégicos/CIS Estudio E-2998
http:// www.ieee.es/Galerias/fichero/ESociologicos/2014/X_ENCUESTA_CIS_MAR14.pdf

Resulta igualmente revelador cómo han evolucionado en los últimos tiempos estos sentimientos de estar o no orgullosos de ser españoles. En el siguiente gráfico puede apreciarse cómo el aumento vertiginoso de quienes no se sienten nada orgullosos de ser españoles se da en los últimos tiempos. En concreto, podemos apreciar cómo el aumento a «poco o nada» orgulloso de ser español en Cataluña se dispara a partir de 2007 y se hace vertiginoso entre 2011 y

2013. Es difícil no ver en este gráfico el reflejo de las situaciones que consideramos en capítulos anteriores sobre la evolución de la acción independentista catalana. Los datos apuntan a una evolución casi en paralelo con el País Vasco, y quizá no sea aventurado señalar (aunque estaría pendiente de comprobación) que en este último, el ascenso de quienes están poco (o nada) orgullosos de ser españoles tenga que ver con la escasamente acertada gestión del fin de la violencia en Euskadi. Por supuesto, cualquier comparación que se haga con paralelos sentimientos de orgullo nacional en otros países occidentales resultaría descorazonador.

Lo hemos dicho ya y lo repetimos: el sentimiento nacional no pertenece al orden de lo racional y, en consecuencia, resulta absurdo legislar sobre él, imponer pautas de conducta, signos externos de asentimiento. Ninguna ley, ninguna orden, ningún decreto podrán conseguir que ese 50 % de catalanes y ese 59,3 % de vascos que

Evolución del sentimiento «orgullo de ser español» (poco o nada) por CC. AA.

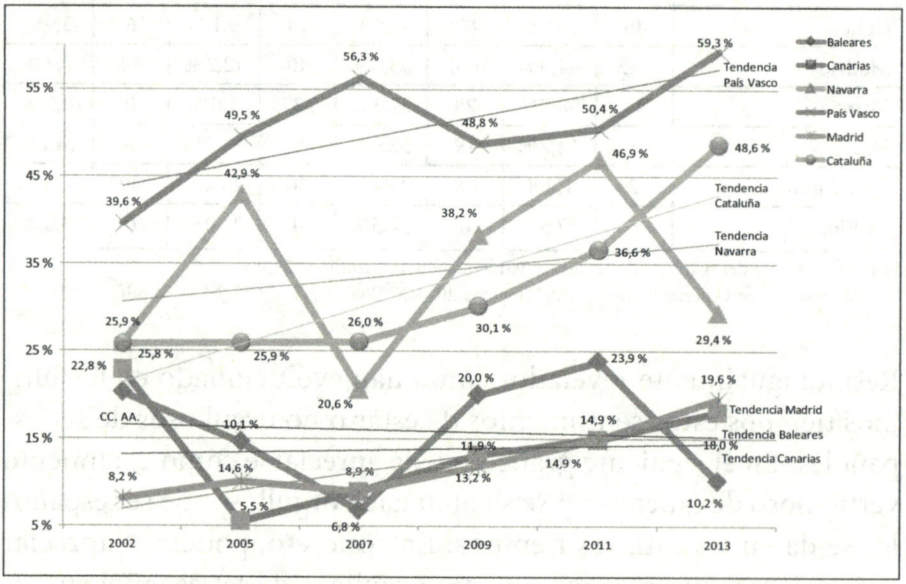

Fuente: Informe del Instituto de Estudios Estratégicos/CIS Estudio E-2998
http://www.ieee.es/Galerias/fichero/ESociologicos/2014/X_ENCUESTA_CIS_MAR14.pdf

se sienten poco o nada orgullosos de ser españoles vuelvan al redil del sentimiento nacional español si no quieren.

No hace falta ser alarmista para dictaminar que una sociedad en la que la mitad de los ciudadanos no se siente afecta a la nación a la que oficialmente pertenece (y que, probablemente, en cambio sí se siente de otra distinta que considera suya) tiene un problema grave de cohesión. Lo que las autoridades españolas han hecho desde siempre ante esta cuestión es simplemente ignorarla, despreciarla y, si la necesidad apremia, reprimir su manifestación. Hasta ahora, esa táctica de indiferencia, olvido y represión ha funcionado en contextos internacionales distintos y con porciones independentistas de la población mucho menores. Pero ahora eso se ha acabado. El contexto internacional ha cambiado mucho y el grado de penetración del sentimiento independentista en Cataluña ha aumentado notablemente. Resulta llamativo comprobar cómo en el poder central nadie hace nada por contener la deriva catalana, confiando, erróneamente, en que un despliegue de medios jurídicos y judiciales paralizará la independencia. Pero eso es falso.

La panoplia de soluciones que el sistema político español ofrece frente a la intención secesionista catalana es escasamente imaginativa. La derecha no propone nada, salvo mantener el *statu quo* del ordenamiento jurídico sin cambio alguno y amenazar con la represión en el caso de que los independentistas, habiendo ocupado puestos de mando en las instituciones, se valgan de ellos para ir más allá de los límites de aquel ordenamiento. Es la actitud intransigente e inflexible que de siempre ha mostrado la oligarquía española en relación con Cataluña, la que la llevó a hacer una guerra civil para impedir aquella secesión y a imponer luego cuarenta años de dictadura férrea que se ensañó especialmente con el Principado. La misma actitud de desprecio e intolerancia que adoptó desde el comienzo de su mandato la derecha neofranquista, que ganó las elecciones de noviembre de 2011. Una actitud que no ha conseguido otra cosa que aumentar la cantidad de independentistas y el alcance de sus reivindicaciones.

La izquierda moderada, esto es, la socialdemocracia del PSOE, ofrece una reforma de la Constitución con la promesa de implantar una forma federal de Estado. Dada la enorme rigidez de la Constitución española, esa reforma tendría que contar con el apoyo del partido de la derecha, cosa impensable, y, en consecuencia, la propuesta es ingenua, suponiendo que sea de buena fe, y bastante retorcida suponiendo que lo sea de mala. Es más, aunque por un milagro impensable esa reforma pudiera realizarse, el federalismo que el PSOE puede ofrecer a Cataluña es muy problemático. Suponiendo que los independentistas catalanes aceptaran la fórmula como un mal menor, en ningún caso querrían que el federalismo fuera simétrico, porque se trataría de una reedición del *café para todos*. Solo podrían considerar la posibilidad si, en la línea del *aeque principaliter*, se tratara de un federalismo asimétrico, y justamente esta fórmula sería la que las demás comunidades autónomas no aceptarían.

La izquierda más radical, Izquierda Unida en un principio y el nuevo partido, Podemos, después, tiene una actitud más favorable, aunque no enteramente clara, con respecto al derecho a decidir.

Participación	2015	2011	Votos	2015	2011
Votantes	3.774.327 (70,98%)	3.516.310 (65,16%)	Nulos	23.114 (0,61%)	55.450 (1,58%)
Abstención	1.543.242 (29,02%)	1.880.031 (34,84%)	En blanco	25.433 (0,68%)	63.884 (1,85%)

Resultados

2015 Total 47			2011 Total 47		
Candidaturas	Votos	Diputados	Candidaturas	Votos	Diputados
EN COMÚ PODEM	927.940 (24,74%)	12		-	-
ESQUERRA REPUBLICANA DE CATALUNYA-CATALUNYA SÍ	599.289 (15,98%)	9	ESQUERRA REPUBLICANA DE CATALUNYA-CATALUNYA SÍ	244.854 (7,07%)	3
PARTIT DELS SOCIALISTES DE CATALUNYA (PSC-PSOE)	589.021 (15,70%)	8	PARTIT DELS SOCIALISTES DE CATALUNYA	922.547 (26,66%)	14
DEMOCRÀCIA I LLIBERTAT. CONVERGÈNCIA. DEMÒCRATES. REAGRUPAMENT	565.501 (15,08%)	8		-	-
CIUDADANOS-PARTIDO DE LA CIUDADANÍA	489.503 (13,05%)	5		-	-
PARTIDO POPULAR	417.286 (11,12%)	5	PARTIDO POPULAR	716.371 (20,70%)	11
UNIÓ DEMOCRÀTICA DE CATALUNYA	64.726 (1,73%)	0		-	-
PARTIDO ANIMALISTA CONTRA EL MALTRATO ANIMAL	43.800 (1,17%)	0	PARTIDO ANIMALISTA CONTRA EL MALTRATO ANIMAL	23.826 (0,69%)	-
RECORTES CERO-GRUPO VERDE	12.741 (0,34%)	0		-	-
UNIÓN PROGRESO Y DEMOCRACIA	7.897 (0,21%)	0	UNIÓN PROGRESO Y DEMOCRACIA	39.650 (1,15%)	-
PARTIT COMUNISTA DEL POBLE DE CATALUNYA	6.967 (0,19%)	0	PARTIT COMUNISTA DEL POBLE DE CATALUNYA	1.547 (0,04%)	-
ESCAÑOS EN BLANCO	618 (0,02%)	0	ESCONS EN BLANC	50.879 (1,47%)	-
VOX	491 (0,01%)	0		-	-
-	-	-	CONVERGÈNCIA I UNIÓ	1.015.691 (29,35%)	16
-	-	-	INICIATIVA PER CATALUNYA VERDS-ESQUERRA UNIDA I ALTERNATIVA: L'ESQUERRA PLURAL	280.152 (8,09%)	3

FUENTE: Ministerio del Interior. Subsecretaría. Dirección General de Política Interior, 2015

Ambas corrientes respaldan el derecho de los catalanes a celebrar un referéndum de autodeterminación, aunque reservándose el de hacer campaña a favor del *no* a la independencia, cosa por lo demás comprensible, si se tiene en cuenta que son fuerzas políticas eminentemente españolas.

En el fondo, en este abanico de propuestas de negociación con el independentismo catalán encontramos en buena parte la clave que explica las peculiaridades del contencioso España-Cataluña y el hecho de que nos encontremos en una situación crítica en la cual se decidirá el futuro a medio y largo plazo de este contencioso, según cómo actúen las distintas fuerzas políticas. Se observa que tanto la derecha (la tradicional del PP y la aparentemente renovada de Ciudadanos) como la socialdemocracia parten de un presupuesto común: el carácter indiscutible de la nación española y su unidad e integridad territorial en los términos en que la conocemos. Se trata de postulados que, en principio, gozan de amplio respaldo entre la población en el conjunto del Estado y, por ello, los tres partidos rivalizan a la hora de mostrar el más acrisolado sentido patriótico español. Pero justamente por eso mismo y porque los dos sistemas políticos, el catalán y el español, son distintos, su apoyo entre la población catalana es muy bajo y cada vez lo será más. Considérese el resultado de las elecciones generales del 20 de diciembre de 2015 en la circunscripción de Cataluña, en comparación con las de 2011, y vuelvan luego a compararse ambas con los resultados de las elecciones autonómicas catalanas de 2015 referidas asimismo a las de 2011. Ambas comparaciones, cada una por su lado, son muy significativas, pero aún lo resultan más cuando se refieren a su vez la una a la otra.

El Partido Popular obtiene de siempre malos resultados electorales en el Principado, que lo aproximan a la condición de un partido testimonial casi extraparlamentario y, de hecho, entre las elecciones de 2011 y las de 2015 encajó una pérdida de unos 300.000 votos y seis diputados, cosecha esperable para el partido de la derecha española en Cataluña. A su vez, la vertiente catalana del PSOE, el Partido de los Socialistas de Cataluña (PSC), lleva camino de seguir sus pasos. La situación es tanto más llamativa cuanto el socialismo catalán fue, junto con el andaluz, un baluarte electoral del PSOE, y el que aportaba un porcentaje sustancial de los diputados socialistas al Congreso, mientras que en las elecciones generales del 20 de diciembre de 2015, solo aportó ocho diputados, con el 15,7 % del voto, habiendo perdido unos 333.000 sufragios y seis escaños. Que en estas mismas elecciones de 2015 el partido Ciutadans, que no se había presentado a las generales de 2011, obtuviera casi 500.000 votos y enviara cinco diputados al Congreso español, permite atisbar una nueva peculiaridad del sistema de partidos catalanes con consecuencias por ahora imprevisibles, pero que apuntan a una consolidación de un sistema catalán de partidos cualitativamente distinto y separado del español, a lo largo de los dos ejes bipolares: el eje soberanista/unionista y el eje derecha/izquierda.

En el eje soberanista/unionista, desde el momento en que el nacionalismo burgués, Convergència, se ha hecho independentista, es lógico pensar que parte de su electorado se haya trasladado a un partido de la derecha unionista y que, además, originariamente se presentaba como catalán, ya que su decisión de actuar en el conjunto del Estado fue posterior. A su vez, es razonable pensar que el espectacular descenso del apoyo al socialismo catalán, convertido prácticamente en un partido sucursalista del unionismo del PSOE, se compensa con el igualmente espectacular aumento de los votos a Esquerra Republicana de Catalunya. Este incremento de ERC, esto es, una izquierda igualmente sistémica (si bien republicana) pero claramente independentista, reflejaría la difusión y expansión del espíritu independentista que venimos identificando en el Principado en los cinco años anteriores.

La incertidumbre se ha instalado en el eje derecha/izquierda porque es aquí, especialmente en la izquierda, en donde se han dado la novedad más importante que puede condicionar la evolución del contencioso España-Cataluña en el medio plazo. Dicha novedad consiste en la aparición de dos formaciones de la izquierda antisistema en competencia directa en una situación inestable.

Lo que sucede es que, para calibrar su importancia, es obligado —como decíamos más arriba— poner en relación el resultado en Cataluña de las elecciones generales con el específico de las elecciones autonómicas catalanas (2015 y 2012) porque una de ellas, la Candidatura d'Unitat Popular (CUP nacional), no se presenta a las elecciones españolas, sino solo a las catalanas y, por lo tanto, es en este campo en donde hay que proceder a las comparaciones (Fernández y Jòdar, 2016). Al hacerlo así, y aprovechar para incluir a los partidos de la derecha y de la izquierda sistémica, la situación se aclara extraordinariamente. Empezaremos por considerar de nuevo los términos de estos otros partidos, retornando al eje soberanismo/unionismo para concluir el análisis con las perspectivas de la izquierda antisistema.

La conclusión más evidente y que ha dominado la interpretación en el Principado es que la situación en el eje soberanismo/unionismo se ha polarizado entre 2012 y 2015, de forma que tenía sentido considerar estas últimas como plebiscitarias. Los dos partidos

Elecciones al Parlamento de Cataluña

	2015		2012
Total de votantes	4.130.196	74,95%	67,76%
Abstención	1.380.657	25,05%	32,24%
Votos nulos	15.952	0,39%	0,90%

	2015		2012
Votos en blanco	21.895	0,53%	1,44%
Votos a candidaturas	4.092.349	99,08%	97,65%

Diputados a elegir: **135**

2015 Candidaturas	2015 Votos		2015 Diputados	2012 Diputados	2012 Votos		2012 Candidaturas
JxSí	1.628.714	39,59%	62				
C's	736.364	17,90%	25	9	275.007	7,57%	C's
PSC	523.283	12,72%	16	20	524.707	14,43%	PSC-PSOE
CatSíqueesPot	367.613	8,94%	11				
PP	349.193	8,49%	11	19	471.681	12,98%	PP
CUP	337.794	8,21%	10	3	126.435	3,48%	CUP-Alt.Esq.
unio.cat	103.293	2,51%					
PACMA	30.157	0,73%			20.861	0,57%	PACMA
RECORTES CERO-ELS VERDS	14.444	0,35%					
GANEMOS	1.167	0,03%					
PIRATA.CAT/XDT	327	0,01%			18.219	0,50%	PIRATA.CAT
				50	1.116.259	30,71%	CiU
				21	498.124	13,70%	ERC-Cat Sí
				13	359.705	9,90%	ICV-EUiA
					60.107	1,65%	PxC
					46.838	1,29%	SI
					28.288	0,78%	EB
					14.614	0,40%	UPyD
					11.702	0,32%	FARTS.cat
					5.984	0,16%	VD
					2.582	0,07%	U.C.E.
					826	0,02%	PRE-IR
					333	0,01%	SiR

Fuente: Generalitat de Catalunya

de la derecha y la izquierda sistémica catalanas se presentaron juntos en una plataforma unitaria bajo la denominación de Junts pel Sí y, a su vera, se presentó la CUP como oferta antisistema (independentista, anticapitalista y feminista), pero englobada en lo que se llamó el *bloque independentista*. Ambas fuerzas consiguieron el 47,8 % del voto y 72 diputados de un total de 135, esto es, no llegaron a la mayoría absoluta de sufragios, pero sí la sobrepasaron en escaños, y ello dio lugar a la controversia, que ya consideramos, sobre si estas elecciones podían entenderse como plebiscitarias o no. Por otro lado, la suma de partidos de la derecha y la izquierda sistémica (PSC), o bloque claramente unionista, alcanzó el 39,11 % del voto, y el porcentaje mayoritario (de un 17,90 %) fue el de Ciudadanos, o partido de la derecha *renovada*. Obviamente, en la comparación del segmento soberanismo/unionismo, la ventaja fue claramente en favor del soberanismo, por una diferencia de 8,69 puntos porcentuales, suficiente para darle la victoria, aunque, como señalaron los elementos más críticos en su seno, especialmente los de la CUP, no para justificar una declaración unilateral de independencia (DUI) , que no se consideraba conveniente en tanto no se contara con la mayoría absoluta de los sufragios o más. Sí, sin embargo, para constituir un Gobierno independentista, sostenido por la mayoría absoluta de diputados en la cámara catalana cuya misión había de ser, en principio, preparar el camino para la independencia, cuya hoja de ruta estaba fijada en el programa electoral de Junts pel Sí, y que implicaba una consulta referendaria al final del camino para aprobar la Constitución de una República Catalana.

El elemento de incertidumbre señalado más arriba radicaba en la dinámica interna de las dos formaciones de la izquierda antisistema, que, a su vez, estaban divididas por su posición respecto al eje soberanismo/unionismo, aunque, para desesperación de los analistas, tampoco esto fuera enteramente seguro ni claro. En las elecciones catalanas, la CUP, opción claramente independentista, experimentó un ascenso llamativo, desde el 3,48 % del voto y 3 escaños en 2012 hasta el 8,21 % y diez escaños. Está puesto en razón atribuir este llamativo ascenso al incremento del espíritu independentista en estos años, que ya hemos señalado, y también al buen nombre y el prestigio que la CUP había sabido ganarse en sus largos años de trabajo en los municipios catalanes. Frente a este resultado, aparece el de la coalición de Catalunya Sí Que Es Pot (CSQEP), una confluencia del nuevo partido Podemos con Iniciativa per Catalunya, Esquerra Unida i Alternativa y Equo. Mientras que su espíritu izquierdista estaba fuera de duda y, en buena medida, también antisistema, por cuanto Podemos (Podem, en Cataluña) se presentaba como heredera del Movimiento 15M, no lo estaba tanto su opción en cuanto al independentismo. El conjunto parecía propiciar un referéndum de autodeterminación en Cataluña y no en todo el Estado, pero dentro de la legalidad, a través de un hipotético *proceso constituyente* que se pretendía abrir, pero cuya realización obviamente no estaría en su mano. Es, pues, legítimo sostener que la candidatura CSQEP era ambigua en lo atingente a la independencia de Cataluña, lo cual implica que, en el plebiscito entre independencia sí o no, sus resultados no podían sumarse en bloque a ninguna de las dos opciones.

Por lo demás, los resultados de CSQEP fueron una especie de fracaso, ya que se quedaron en el 8,94 % (y 11 diputados en el Parlament), por debajo del 9,90 % (y los 13 diputados) que había obtenido por su sola cuenta ICV-EUiA en las elecciones de 2012. Las razones de este mal resultado, probablemente, se deban a la señalada ambigüedad y al hecho de que la candidatura no hubiera conseguido englobar al movimiento Barcelona en Comú, que había obtenido un resonante éxito en las previas elecciones municipales de mayo y había llevado a Ada Colau a la alcaldía de la capital.

Sin embargo, en las subsiguientes elecciones generales del 20 de diciembre de 2015, Podemos y sus confluencias catalanas (esto es, Iniciativa per Catalunya Verds, Esquerra Unida i Alternativa, Equo y Barcelona en Comú) obtuvieron una resonante victoria, fueron la opción más votada en Cataluña, con un 24,74 % del voto y 12 diputados en el Congreso español. Hay, pues, una obvia hegemonía de la izquierda radical, parcialmente antisistema, en Cataluña, que probablemente debe parte de su respaldo electoral al hecho de que la CUP no se presenta a las elecciones españolas, pero que sigue sin aclarar de modo fehaciente cuál es su actitud en el segmento soberanismo/unionismo. En teoría, la opción defiende un referéndum de autodeterminación catalán, como lo defiende la organización matriz, Podemos, en España, pero no está nada claro que su propósito sea la independencia, al menos entre los seguidores de Podem no lo es.

Económicos

En este terreno, la controversia se hace especialmente intensa por razones fáciles de entender. Se trata de un intercambio de agravios comparativos que viene acompañado generalmente de datos y estadísticas, habitualmente interpretados desde un enfoque previo en pro o en contra de la secesión. Al tratarse de magnitudes que fundamentan distintas políticas económicas, los datos pierden mucha de su fuerza probatoria porque se entienden al servicio de unas opciones políticas determinadas.

El primer argumento que suele escucharse es el que podemos llamar *la independencia de los ricos*. Suele decirse que la cuestión de la autodeterminación no puede aplicarse al Principado porque Cataluña, lejos de ser una colonia, mantiene de hecho relaciones de metrópoli con el resto del Estado, que, al ser un mercado catalán, sería la verdadera colonia. Al margen de este argumento, cuya dimensión es exclusivamente irónica, la objeción más frecuente es la que hace referencia a la integración de Cataluña en un conjunto español equilibrado con unos criterios de reparto de ingresos y gastos desde una perspectiva territorial. Según este criterio, el independentismo catalán obedecería exclusivamente a motivaciones egoístas. Una parte del territorio español, la más rica y próspera, no quiere atender a sus obligaciones de solidaridad con las partes menos desarrolladas y más necesitadas. Es el modelo de razonamiento que asimila el soberanismo catalán al nacionalismo de la Padania italiana. El norte de Italia, más dinámico y próspero que el resto de la península, pretende reservar para sí sus ingresos y no compartirlos con otras partes del Estado, menos desarrolladas, como el sempiterno Mezzogiorno.

Este argumento tiene dos facetas que conviene analizar por separado. La primera es la que plantea la solidaridad interterritorial en términos morales y la segunda la que afecta a las condiciones estructurales en que se da el problema, con sus especiales características, en el caso de España.

En cuanto a la primera faceta, parece razonable aceptar el hecho de que, en una comunidad compleja con una historia secular común, haya desigualdades más o menos pronunciadas entre territorios y a las cuales sea necesario subvenir de modo justo y equilibrado, tomando en consideración todos los puntos de vista interesados, los de las partes que sufragan y las partes sufragadas, sin que ninguna de ellas pueda abusar de otra. El deber de solidaridad de los más favorecidos con los menos favorecidos dimana de una relación comunitaria, pero no de una hipotética obligación que se hubiera generado en unas supuestas relaciones de privilegio mantenidas a lo largo de la historia, salvo, claro es, que puedan probarse. En otros términos: la mayor prosperidad y desarrollo de Cataluña, su bienestar y nivel de vida, no son caídos del cielo ni se basan en el expolio de otras partes del país o de fuera del país, sino que se originan en un modo distinto de organizar la vida social y económica del Principado por relación al resto del Estado; en un pasado de mayor laboriosidad, industria y ahorro, y un modelo de acumulación burguesa de capital que no se ha dado en otras partes de España o se ha dado de forma insegura, intermitente, insatisfactoria. La mayor riqueza de Cataluña se debe al modelo de desarrollo catalán, a la existencia de una clase media más potente, y no puede convertirse en una especie de culpabilidad, como si viniera del expolio ajeno, ni puede suscitar mayores obligaciones o deberes de

Cataluña con el resto del Estado que los que se sigan de un modelo de administración de los recursos generales que goce de consenso universal y no pueda verse como resultado de la imposición de los intereses de una parte sobre otras.

La segunda faceta es algo más delicada, a la vez que complicada, porque plantea un problema estructural del conjunto de España al que, por razones distintas en cada caso, nadie quiere hacer frente con claridad. Desde el comienzo de la andadura del llamado Estado autonómico español, muy celebrado en su día por haber sido capaz de garantizar una descentralización política eficaz, equivalente al federalismo, pero sin ser una federación, se pudo comprobar que el nudo gordiano del sistema de las comunidades autónomas era su financiación. La desdichada fórmula del *café para todos*, que desfiguraba claramente la distribución de competencias, incidía de modo directo en la cuestión del reparto de ingresos y gastos. Desde el principio se hicieron patentes los agravios comparativos de las zonas del país que se sentían perjudicadas, especialmente Cataluña, pero también Baleares y el País Valenciano, esto es, los *Països Catalans*. A todo ello trataba de buscar solución la Ley Orgánica 8/1980, de 22 de septiembre, de Financiación de las Comunidades Autónomas (LOFCA), que, excluyendo ya desde el principio de su articulado todo privilegio de unas comunidades sobre otras, trataba de racionalizar la financiación de las autonomías y su coordinación con la Hacienda del Estado mediante la regulación de los ingresos de las CC. AA. y el sistema de impuestos, los propios de las autonomías y los cedidos por el Estado.

Para la aplicación y seguimiento de la LOFCA, el artículo 3 de esta establecía un Consejo de Política Fiscal y Financiera, compuesto por representantes del Ministerio de Hacienda y de las haciendas locales de las comunidades autónomas, y entre cuyas funciones se contaban la coordinación de la política presupuestaria de estas con la del Estado, el cálculo de los costes de los servicios transferidos a las CC. AA., la coordinación de la política de endeudamiento, la de la política de inversiones públicas y toda la actividad financiera de las CC. AA., que, por su naturaleza, requiera una actuación coordinada. Entre estas funciones destacaba por su especial importancia la de estudio y valoración de los criterios de distribución de los recursos del Fondo de Compensación, que fue necesario crear exprofeso para atender a los criterios de equidad en el reparto de los recursos. El artículo 16 de la LOFCA establecía un difícil equilibrio entre pretensiones dispares que determinaba la cuantía absoluta del Fondo, con dos excepciones de entrada referentes a las ciudades con estatuto de autonomía (Ceuta y Melilla) y las llamadas *regiones ultraperiféricas*, básicamente las islas Canarias. Se determinaban así los criterios que se habían de tener en cuenta a la hora de distribuir las asignaciones del Fondo: la inversa de la renta por habitante, la tasa de población emigrada en los últimos diez años, el porcentaje de desempleo sobre la población activa, la superficie territorial, el hecho insular, en relación con la lejanía del territorio peninsular, y otros criterios que se estimasen pertinentes. Obviamente, este complejo mecanismo de financiación con indicadores de tan diversa naturaleza y tan sometidos a fluctuaciones coyunturales tenía que prever su actualización periódica, como así sucede por cuanto los criterios empleados y las cantidades acordadas están pendientes de revisión cada cinco años.

Ahora bien, esta normativa tenía que producir tensiones y debates prácticamente inacabables, como de hecho ha estado sucediendo desde los años de 1980 del siglo pasado, y que han dado lugar a numerosos agravios comparativos. El primero de todos, que la ley pretende ignorar y la práctica política del país trata de mantener en sordina, es que el sistema consagra precisamente la situación de privilegio que su artículo 2.1.a niega de raíz cuando afirma taxativo que el sistema de financiación no podrá establecer en ningún caso «privilegios económicos o sociales ni suponer la existencia de barreras fiscales en el territorio español», pero luego, en sus disposiciones adicionales primera y segunda, reconoce el régimen excepcional del concierto económico de los cuatro territorios históricos del País Vasco y Navarra, que, de hecho y de derecho, quedan fuera del régimen común de financiación y no están afectadas por los deberes de solidaridad del resto de las comunidades autónomas unas con otras. Cuando se recuerda que una de las reivindicaciones del soberanismo catalán fue, consistentemente y hasta la fijación de la hoja de ruta independentista, el acceso a un *pacto fiscal* que, en la práctica, era una extensión del concierto vasco a Cataluña, se entienden mejor los problemas y dificultades de la situación.

En efecto. Jurídicamente hablando, la regulación del sistema de financiación de las comunidades autónomas es autocontradictoria al consagrar unos privilegios dentro de la norma misma que los niega. Desde la perspectiva política, hay buen cuidado en no plantear esta situación. El País Vasco y Navarra no están interesados en hacerlo porque derivan réditos obvios de sus privilegios. En buena medida, por eso son las partes del país que gozan de más elevado nivel de vida, porque administran sus propios recursos. El Estado tampoco está interesado, para evitar que se cree esa sensación de agravio comparativo que dé alas a las reivindicaciones catalanas. Y a la propia Cataluña, hasta ahora, tampoco le ha interesado plantear la cuestión para no perder al nacionalismo vasco como un aliado en su proyecto soberanista.

Pero que no se plantee el problema por razones tácticas, no quiere decir que no exista. Al margen de las razones históricas que justifican la existencia del concierto en el País Vasco mientras que en Cataluña se perdió la posibilidad de constituir algo similar a partir de los Decretos de Nueva Planta, lo cierto es que, desde el punto de vista del aquí y el ahora, en el funcionamiento ordinario del Estado como un conjunto, el excepcionalismo vasco es enteramente disfuncional porque plantea la imposibilidad de la articulación de un régimen general y justo. Dicho en términos sencillos: el concierto vasco solo es sostenible como excepción. Su generalización haría imposible el mantenimiento del Estado español como una estructura racional. Aquí está el punto central de la inviabilidad de la organización financiera del Estado español.

Suele decirse que los catalanes recurren a una actitud de sistemático victimismo en relación con el conjunto de España, que este no está justificado y que solamente pretende hacer una especie de chantaje para conseguir una situación de privilegio a costa del desarrollo de otras regiones de España. Interesa examinar estas cuestiones con desapasionamiento. En primer lugar y, para saber en qué términos nos movemos, hay que echar una ojeada a la distribución del PIB por territorios en España.

Cataluña es, por tanto, la zona que más produce del país, seguida de cerca por Madrid. En tercer lugar aparece Andalucía. Las demás comunidades se encuentran por debajo de los 100.000 millones de euros, y las que menos producen, sin contar las dos ciudades autónomas, son La Rioja, Cantabria y Navarra. A su vez, la distribución del PIB por habitante es también muy ilustrativa. El

PIB CC. AA.: Comparativa PIB anual

CCAA	PIB Mill. €	Crecimiento PIB Anual	Fecha
Andalucía [+]	141.704 M.€	1,3%	2014
Aragón [+]	33.162 M.€	1,7%	2014
Asturias [+]	20.793 M.€	0,5%	2014
Canarias [+]	40.753 M.€	1,7%	2014
Cantabria [+]	11.864 M.€	1,0%	2014
Castilla La Mancha [+]	36.463 M.€	0,3%	2014
Castilla y León [+]	53.989 M.€	1,4%	2014
Cataluña [+]	199.786 M.€	1,4%	2014
Ceuta [+]	1.580 M.€	0,7%	2014
Comunidad Valenciana [+]	97.430 M.€	1,9%	2014
Extremadura [+]	16.907 M.€	1,3%	2014
Galicia [+]	53.858 M.€	0,4%	2014
Islas Baleares [+]	26.329 M.€	1,2%	2014
La Rioja [+]	7.727 M.€	2,0%	2014
Madrid [+]	196.118 M.€	1,6%	2014
Melilla [+]	1.406 M.€	0,5%	2014
Murcia [+]	27.122 M.€	2,0%	2014
Navarra [+]	17.623 M.€	1,6%	2014
País Vasco [+]	64.295 M.€	1,2%	2014

Fuente: Expansión. http://www.datosmacro.com/pib/espana-comunidades-autonomas

PIB por habitante más alto se registra en Madrid, seguido de cerca por el País Vasco y Navarra, mientras que Cataluña aparece en cuarto lugar. A la vista de estos datos es difícil no concordar con la idea de que la queja catalana tiene cierto fundamento: el territorio que más produce no es en donde mejor se vive. En donde mejor se vive, excepción hecha de Madrid, que tiene otra justificación, es en el País Vasco y Navarra, consecuencia directa del concierto económico.

PIB PER CÁPITA ANUAL

CCAA	PIB Per C.	Crecimiento PIB Anual	Fecha
Andalucía [+]	16.884€	1,3%	2014
Aragón [+]	24.957€	0,9%	2014
Asturias [+]	20.334€	-1,3%	2014
Canarias [+]	19.581€	3,8%	2014
Cantabria [+]	20.855€	-3,2%	2014
Castilla La Mancha [+]	18.307€	3,0%	2014
Castilla y León [+]	21.727€	-0,7%	2014
Cataluña [+]	26.996€	1,2%	2014
Ceuta [+]	18.550€	-1,2%	2014
Comunidad Valenciana [+]	20.073€	2,9%	2014
Extremadura [+]	15.752€	4,8%	2014
Galicia [+]	19.954€	-2,2%	2014
Islas Baleares [+]	23.931€	2,1%	2014
La Rioja [+]	24.998€	-1,1%	2014
Madrid [+]	31.004€	7,2%	2014
Melilla [+]	16.941€	3,1%	2014
Murcia [+]	18.529€	3,5%	2014
Navarra [+]	28.124€	-0,8%	2014
País Vasco [+]	29.683€	-0,9%	2014

FUENTE: Expansión. http://www.datosmacro.com/pib/espana-comunidades-autonomas

La queja habitual de los catalanes independentistas (articulada en su fórmula políticamente más cruda de *Espanya ens roba*) es que hay una injusticia de larga data con Cataluña, pues, siendo la zona más productiva del país, es también la más gravada económicamente y muestra un déficit fiscal (esto es, la diferencia entre lo que produce en términos monetarios y lo que recibe en forma de financiación, tanto directa como en el capítulo de inversiones) que se agrava con el paso del tiempo y asfixia el desarrollo de Cataluña.

Durante años, se ha venido dando un contencioso entre la Generalitat y el Gobierno central a cuenta de la publicación de los cálculos de las balanzas fiscales de las comunidades o Sistema de Cuentas Públicas Territorializadas (SCPT), con la finalidad de esclarecer con datos empíricos la situación real de cada comunidad autónoma en punto a ingresos y gastos públicos y qué proporción guardan unas respecto a otras. La posición del Gobierno catalán era que el déficit fiscal de Cataluña rondaba los 16.000 millones de euros, mientras que el Gobierno central reducía esa cantidad a la mitad, pero no facilitaba el acceso a los cálculos y datos que pudiera zanjar la cuestión. De hecho, el Gobierno venía resistiéndose a esta publicación porque, según él, al haber dos mecanismos de cálculo (lo cual bien podría explicar las discrepancias señaladas), la publicación podía generar suspicacias y victimismo. Por último, no le quedó más remedio que facilitar esos datos y, aunque los criterios de determinación de esas balanza fiscales son complicados, quedó claro que, al margen de las cantidades específicas y concretas, hay comunidades autónomas que reciben más que otras y de algunas, como Cataluña, podría incluso hablarse de un tratamiento fiscal injusto, cosa que el Gobierno niega. De acuerdo con los cálculos de este, las balanzas fiscales o cuentas territorializadas de las comunidades autónomas presentan el cuadro siguiente.

Efectivamente, de acuerdo con estos cálculos, Cataluña presenta un déficit fiscal de 8.578 millones de euros, equivalentes a un 3,75 % del PIB. Solo la supera Madrid, con un saldo negativo de 16.707 millones de euros, equivalente a un 9,57 % del PIB. Siguen en magnitud Baleares y Valencia. La teoría oficial del Gobierno central es que, cuanto más alto es el nivel de vida, más se tributa y mayor es el déficit fiscal. No obstante, puede observarse no solamente el trato injusto a los Països Catalans, sino también la peculiar situación del País Vasco y Navarra, gracias a la cual, aun presentándose con déficit de ingreso público, con la aportación posterior del gasto público, el resultado final es positivo.

SALDOS FISCALES RELATIVOS O NEUTRALIZADOS, 2012

	Saldos totales, millones de euros			Total/ PIB	Saldos per cápita, euros		
	Ingresos fiscales	Gasto público	Total		Ingresos fiscales	Gasto público	Total
Andalucía	12.826	-4.295	8.531	6,02%	1.519	-509	1.010
Aragón	-852	1.360	509	1,54%	-632	1.009	377
Asturias	-479	2.307	1.828	8,40%	-446	2.151	1.704
Baleares	-39	-1.291	-1.330	-5,08%	-35	-1.157	-1.192
Canarias	5.266	-1.787	3.479	8,58%	2.486	-843	1.642
Cantabria	-187	457	270	2,19%	-316	772	456
Castilla y León	-70	3.003	2.933	5,42%	-27	1.185	1.158
C.-La Mancha	2.961	-670	2.291	6,00%	1.402	-317	1.085
Cataluña	-8.578	1.139	-7.439	-3,75%	-1.134	151	-984
Valencia	5.117	-6.570	-1.453	-1,48%	999	-1.283	-284
Extremadura	1.672	984	2.655	15,60%	1.511	889	2.401
Galicia	1.718	2.228	3.946	7,21%	619	803	1.423
Madrid	-16.707	-2.308	-19.015	-9,57%	-2.572	-355	-2.927
Murcia	2.010	-1.912	98	0,36%	1.364	-1.298	66
Navarra	-419	790	371	2,09%	-651	1.226	576
País Vasco	-4.510	6.072	1.562	2,43%	-2.057	2.770	713
La Rioja	-70	112	42	0,54%	-217	348	131
Ceuta y Melilla	342	379	721	24,49%	2.055	2.281	4.336
Suma positivos			29.238	2,77%			

NOTA: Un saldo relativo negativo quiere decir que la región paga más impuestos por habitante que la media o recibe menos gasto.

FUENTE: Ministerio de Hacienda y Administraciones Públicas. Sistema de Cuentas Públicas Territorializadas

Lo anterior, esto es, el trato desfavorecedor para Cataluña y el resto de los Països Catalans y el privilegio que se evidencia en el caso del País Vasco y Navarra, se aprecia mejor en el siguiente gráfico, en el que una línea representa las cargas fiscales de cada comunidad autónoma y otra los beneficios per habitante del gasto público en 2014, tomando como base el ejercicio de 2010. Como puede verse, los mayores déficits corresponden a Madrid y los Països Catalans, con el añadido de Murcia, e igualmente puede observarse la situación de relativo privilegio del País Vasco y Navarra. En resumen, podríamos concluir con Germà Bel que Cataluña, junto con otros, padece las consecuencias del hecho de que «la justicia en el sistema redistributivo español está quebrada, tanto por lo que respecta a las cargas asumidas por las regiones ricas respecto a las transferencias regionales, como por lo que respecta a la distribución de los beneficios netos» (Bel, 2013: 180).

Suele aducirse aquí también una cuestión que aparece con frecuencia en los debates sobre la independencia, y es la del supuesto maltrato del Principado en cuanto a las inversiones directas y en infraestructuras. La queja habitual es que Cataluña no recibe de vuelta sino una cantidad mucho menor de lo que aporta a la caja

Índices agregados de cargas fiscales y beneficios del gasto público per cápita promedio España = 100, ejercicio 2012

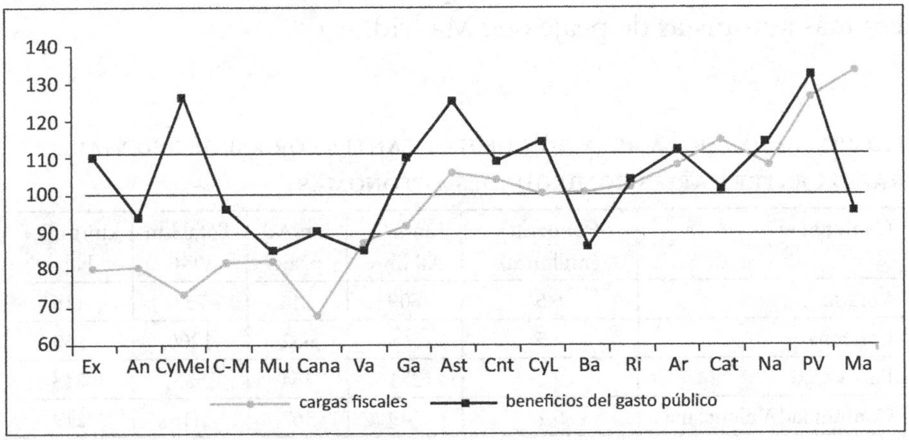

Fuente: Ministerio de Hacienda y Administraciones Públicas. Sistema de Cuentas Públicas Territorializadas
http://www.minhap.gob.es/Documentacion/Publico/GabineteMinistro/Nota%20Prensa/2015/S.E.%20ADMINISTRACIONES%20P%C3%9BLICAS/21-07-15%20NP%20CUENTAS%20TERRITORIALIZADAS.pdf

común del Estado. Eso es lo que le dijo Artur Mas a Mariano Rajoy cuando ambos coincidieron en la inauguración del tramo del AVE de Barcelona a Figueres: «Cataluña, de todos los territorios del Estado español, es en este momento, más de treinta años después de instaurar la democracia, el que tiene menos dotación de infraestructura pública» (Mas, 2013), cosa que parecía ser cierta por cuanto un año más tarde, en julio de 2014, la Cámara de Comercio de Barcelona concluía que la inversión de Fomento en Cataluña había caído en más de un 50 % en los diez años anteriores. Esta cuestión es particularmente visible en lo que se refiere a la red viaria, cuyo desarrollo es de importancia capital para Cataluña, por su situación fronteriza con Francia y cabeza de la costa mediterránea española. Sin embargo, una ojeada al mapa de la red de autovías y autopistas de España hoy permite ver un agravio relativo doble en el caso de Cataluña: tiene una relación de kilómetros por habitante inferior a la que debiera tener y es víctima de un sobrecoste, por cuanto acumula la mayor cantidad de kilómetros de autopistas de peaje.

VGC son las vías de gran capacidad que suman las libres y las gratuitas. La relación de kilómetros por habitante en Cataluña es menos de la mitad de la media española, pero tiene más de 4,5 veces más autopistas de peaje que Madrid.

Comparación de la relación de habitantes por km de red viaria rápida entre varias comunidades autónomas

Comunidad	Habitantes (millones)	km AV/ AP libre	km AP peaje	Total km VGC	km/millón habs.
Madrid	6,5	609	144	753	116
Cataluña	7,5	568	632	1200	160
País Vasco	2,2	281	254	535	243
Comunidad Valenciana	5,1	749	367	1116	219
Andalucía	8,4	2.194	197	2391	285
Extremadura	1,1	668	o	668	607
España	47	12991	2991	15982	340

Fuente: Fernando Abárzuza. *Cuestión de opinión*. 10 de febrero de 2016. Sobre datos del INE de 2010.

Finalmente, el caso más clamoroso de agravio comparativo sigue siendo la postergación del llamado *corredor del Mediterráneo*, un ambicioso plan que habría de unir por alta velocidad para viajeros y mercancías a Algeciras con Figueres y Francia, comenzado en los años noventa del siglo pasado y aún sin terminar, para desesperación del comercio y la industria catalanes y levantinos en general.

En conclusión, desde el punto de vista de los argumentos económicos, tomando en consideración todos los factores, esto es, balanzas fiscales, comparación con las comunidades de régimen foral, forma de financiación del régimen común y balance de inversión en infraestructuras, parece bastante claro que a Cataluña le interesa la independencia a los efectos de administrar sus propios recursos. La cuestión de si, dado el paso de la separación, se mantendrían las constantes actuales o habría cambios drásticos en las relaciones productivas y comerciales que tienen que ver con los mercados español y europeo en general es, obviamente, una cuestión abierta.

Tomando finalmente en conjunto las cuatro perspectivas aquí analizadas en cuanto a los discursos de carácter histórico, jurídico, político y económico, cabe poca duda de que todos ellos apuntan a la verosimilitud de que una república catalana independiente sería una historia de éxito a medio y largo plazo, una vez superadas las tensiones que la desconexión pudiera suponer a corto plazo. Que esta independencia pueda interesar al mismo tiempo a España como, según hemos dicho, preconizan algunos autores (Bosch, 2014), es difícil de asimilar en términos directos y positivos, pero puede entenderse a modo de catarsis en la medida en que la separación de un territorio próspero supondrá una merma de ingresos para España y quizá fuerce a esta a reaccionar adoptando medidas políticas y económicas drásticas que finalmente fuercen al país a poner fin a un marasmo y una crisis que duran siglos.

5.
El escenario y los actores

El escenario en el que tiene lugar el drama del surgimiento de la república catalana presenta diversos cuadros y en ellos interactúan muy diversos intérpretes, agrupados por dedicaciones. Todos ellos se relacionan unos con otros y forman un entramado de discursos, silencios, intereses, debates y referencias cruzadas que constituye el caldo de cultivo en que se fragua una evolución social cuyo fin apunta a una transformación profunda de las relaciones entre Cataluña y España.

Los políticos

Nos referimos aquí a lo que, desde los tiempos de Gaetano Mosca, ha venido llamándose la *clase política*. Acuñado a fines de siglo XIX, en una época de positivismo sociológico que había entronizado el análisis de clases, sobre todo a partir de la expansión del marxismo, para el que la idea de clase no solamente tenía una funcionalidad sociológica, sino también epistemológica, el concepto presenta las dificultades ordinarias de su uso. De un lado, no tiene unos límites claros ni pautas específicas que posibiliten una interpretación ajustada y, de otro, nada hay en él que permita a sus hipotéticos miembros reconocerse como tales. La división, que consideraremos más abajo, entre políticos gobernantes y políticos aspirantes a serlo no agota el elenco. Junto a estos habría que considerar —especialmente en los años de fin de siglo, cuando el anarquismo era una fuerza con la que era obligado contar— a aquellos que no estaban ni aspiraban a estar en el Gobierno, sino a destruirlo. El factor en torno al cual se aglutinaría esta clase, el poder, es tan peculiar que obliga a incluir en ella precisamente a aquellos cuya aspiración es la abolición de toda forma de poder. Aunque resulte sorprendente, tan teórico político era Jean Jaurès como Errico Malatesta; tan político Sadi Carnot como Sante Caserio.

En lugar de la *clase política*, a veces se ha propuesto el concepto de *élite del poder*. Por cierto, el término es también deudor de las doctrinas elitistas finiseculares (Pareto u Ortega, por ejemplo), pero lo que gana por un lado en concreción (solamente cuentan las personas que ejercen el poder) lo pierde en el carácter ambiguo del mismo concepto de poder. Aunque el introductor del concepto, Wright Mills, quería darle un marchamo definitivamente empírico, este, a su vez, era y será siempre tributario del criterio mismo que se emplee para definir el poder. Sin duda, habrá acuerdo en sostener que el presidente del Gobierno de un país tiene poder, pero no lo habrá tanto en averiguar si también lo tiene el obispo de la diócesis, el propietario de un periódico o un deslumbrante intelectual que se asoma con frecuencia a los medios de comunicación para dar su opinión sobre los conflictos que vive su colectividad. De hecho, la *élite del poder* ha acabado pagando su dificultad al precio de su indeterminación. Si se recurre a la propuesta de Foucault sobre el *biopoder,* se echará de ver que la élite del poder es cualquier cosa menos una élite.

La reciente reaparición del término *casta* en el discurso político de Podemos no supone una aportación satisfactoria a este problema, porque se trata de un concepto normativo que, *par dessus le marché*, incorpora una especie de ingenuo juicio de intenciones. Esta *casta* no responde a una idea social o racialmente específica como en la sociedad india en la que surge, sino a la pertenencia a un conjunto de personas que comparten unos privilegios, y su actuación se limita a una exclusiva acción en pro de su preservación. Cualquier persona que, ocupando un puesto o cargo análogo a los de los otros de la casta, no pretenda actuar en función exclusiva de sus intereses, sino del bien común, por ejemplo, dejará de ser casta.

Por coherencia con lo expuesto hasta aquí, tomamos en consideración en este epígrafe al conjunto de los *políticos*, esto es, aquellos que están directa o indirectamente relacionados con el poder en lo referente a dos de los tres del Estado de derecho, esto es, el legislativo y el ejecutivo. También habrá que hacerlo con quienes se relacionan con el poder judicial, pero estas relaciones son de otra naturaleza.

En lo que se refiere a Cataluña, hay dos posibles divisiones de los políticos. Según la primera, estos pueden ser *cum imperio et sine imperio,* por recordar una clasificación clara y muy significativa de la república romana. Es una forma de referirnos también a los políticos en el Gobierno y en la oposición. Los dos grupos abarcan casi el 90 % de la clase política porque, aunque quedan otros, extraparlamentarios, su audiencia es mínima.

De acuerdo con la segunda, se dividen en *a*) nacionalistas españoles y *b*) nacionalistas catalanes. Por supuesto, las dos clasificaciones se cruzan, lo que da origen a una gran variedad de situaciones y opciones.

Respecto a los nacionalistas españoles, ya hemos dicho algo que ahora conviene completar. Aparte de los nacionalistas españoles a la antigua usanza, tanto los que dicen serlo muy ufanos como los que lo niegan ladinamente forman la inmensa mayoría de los políticos españoles. Los nacionalistas españoles se dividen en más centralistas y más autonomistas. Incluso los hay federales y hasta confederales. No está mal que se hagan propuestas alternativas de organización territorial del Estado, aunque da la impresión de que la gama de opciones anda ya bastante escasa. La pulsión soberanista e independentista catalana ha superado ya de largo la capacidad de formular alternativas del nacionalismo español, que nunca ha sido muy amplia. En la coyuntura actual, la inmensa mayoría de los políticos nacionalistas españoles oscilan entre dejar las cosas como están en el marco de la ya fracasada fórmula autonómica y las propuestas vagarosamente federales de los socialistas, que, además de exigir la muy improbable connivencia de la derecha, tropieza con problemas serios de articulación, no siendo, quizá el último, el de la objeción de que, en realidad, ese mismo Estado autonómico es ya de hecho un Estado federal. En el sector de la izquierda algo más radical, la de Podemos, ha comenzado a asomar otro tipo de nacionalismo español con el que estamos de acuerdo en este libro: un nacionalismo español que admite el derecho de autodeterminación de los catalanes si estos quieren, si bien los seguidores y militantes de la opción morada no son partidarios de la independencia. Es algo perfectamente legítimo. También hay políticos catalanes que no desean la independencia pero están de acuerdo en ejercer el derecho de autodeterminación. Es lo que habitualmente se entiende por soberanismo. El derecho de autodeterminación alberga la posibilidad de dos opciones y únicamente los sectores más demagógicos y reaccionarios del nacionalismo español identifican el ejercicio del derecho de autodeterminación con una de las dos opciones, la de la independencia, dando por supuesto que la mera posibilidad de pronunciarse sobre algo ya prejuzga el contenido de ese pronunciamiento, lo cual constituye una idea errónea por esencialista del principio de autodeterminación. Lo importante a los efectos del juego limpio, algo imprescindible en toda democracia, es que todas las partes interesadas se comprometan a respetar el resultado y actuar en consecuencia.

Los políticos nacionalistas catalanes vienen a dividirse en dos grupos: los independentistas de toda la vida (ERC con altibajos; la CUP) con otros sobrevenidos que oscilan entre el soberanismo y el independentismo. Estos son los más interesantes, porque de ellos es de donde puede venir la fuerza electoral que el independentismo todavía precisa. Y el caso paradigmático, en el sentido de que se trata de la figura icónica por excelencia, es el de Artur Mas. Según sabemos, todavía hacia 2008 Mas sostenía que encontraba la independencia como un concepto oxidado y pasado de moda. ¿Qué ha sucedido para que se haya hecho cargo de la tarea de dirigir a la gente a la independencia? Probablemente una visión, como la de san Pablo camino de Damasco. ¿Por qué no? Mas representa a las clases medias, la burguesía catalana. La burguesía en general es conservadora y no quiere espectáculos revolucionarios e independentistas ni saltos bruscos en lo imprevisto. Valora en primer lugar un sano equilibrio entre la libertad y la seguridad jurídica que genere un marco estable para los negocios. La independencia puede ser un objetivo legítimo a fuer de romántico, pero si es un mal negocio, no tendrá un grado elevado de apoyo. Mas da tranquilidad y el propósito de «transitar de la legalidad a la legalidad», que luego hizo suyo su sucesor, Carles Puigdemont, incluye la idea de ir en busca de una solución intermedia, una que garantice la ruptura con España sin más descalabros que los inevitables y augure un futuro de prosperidad a medio y, a ser posible, corto plazo.

Aquí cabría reflexionar sobre una propuesta que suele enunciarse en muy diferentes contextos y con muy diversas fortunas: la de la *segunda transición*. La idea viene siendo *staple food* del discurso político más al uso en España. Siempre que un político se encuentra sin argumentos convincentes, sin recursos, sin propuestas que induzcan a la acción, recurre a esta imagen de conseguir una *segunda transición*. Hasta quienes creen que la primera fue un engaño, una traición, un abandono de los principios, se valen de esta fórmula: la primera transición fue una trampa, un fracaso, pero la nueva que vamos a vivir, la segunda transición, hará realidad todas las promesas incumplidas de la primera y algunas más. Es una idea que han manejado en diversas ocasiones todos los líderes políticos españoles. Lo hizo en su día José María Aznar, que incluso publicó un infumable libro con ese título (Aznar, 1995), y ha acabado haciéndolo en el otro lado del espectro político Pablo Iglesias, de Podemos, con otro libro tan coyuntural, infumable y prescindible como el de Aznar (Iglesias, 2015). La idea es la misma en ambos casos: propiciar un cambio de legitimidad sin que haya una alteración sustancial de la legalidad, que fue el punto del que más se enorgullecieron quienes defendieron la primera transición.

Artur Mas considera que la orientación a la independencia catalana sería una *segunda transición* en Cataluña. Esta tendría que dar por concluida la etapa anterior, de integración en el Estado español, y emprender un nuevo camino, parecido al que había recorrido la primera transición española, aquella que partió de la legalidad franquista para llegar al puerto de una legalidad parlamentaria cuya base de legitimidad (la soberanía reside en el pueblo) cambió sustancialmente sin solución de continuidad en un corto o medio plazo. Ese sería el modelo que los políticos nacionalistas catalanes moderados estarían considerando: una *segunda transición catalana*.

Por último, la habitual disyuntiva entre la izquierda y la derecha tiene aquí difícil acomodo. La izquierda se fracciona al contacto con el soberanismo/independentismo, mientras que la derecha, no. Y viene de antiguo. La cuestión que debe resolverse sin más es la de la existencia de un nacionalismo de izquierdas. Ya señalamos que, para una visión convencional y estrecha del problema, la izquierda no puede ser nacionalista porque es internacionalista y/o cosmopolita. Sin embargo, parece claro que repudiar la existencia de un nacionalismo izquierdista o un izquierdismo nacionalista equivale a comulgar con una idea dogmática y mecanicista de la izquierda, el nacionalismo y el internacionalismo. Cuando se planteó el antagonismo entre estas dos percepciones, la nacionalista y la internacionalista, en la época de las conferencias de Kienthal y Zimmerwald que mencionamos en el capítulo 2, la izquierda radical se empeñaba en ignorar dogmáticamente una realidad de hecho, esto es, que los trabajadores que pretendían movilizar no formaban parte de una especie de magma de individuos en el sentido más abstracto del liberalismo, sino que estaban previamente encuadrados en comunidades nacionales y era desde estas desde donde se podrían movilizar en función de objetivos solidarios internacionalistas. Dicho de otro modo, la nación es un estadio intermedio en el logro de ese otro objetivo del internacionalismo, por la misma razón por la que Kant veía las posibilidades de un mundo cosmopolita a base de comunidades republicanas que, naturalmente, serían nacionales.

Ahora bien, en esa concepción del nacionalismo es imposible ignorar que la idea izquierdista de la nación tiene que partir de un principio de voluntariedad y antiautoritarismo. O no es de izquierda. En otros términos: nadie de izquierda estará dispuesto a admitir que su nación tenga a otra u otras sojuzgadas y en contra de su voluntad bajo su dominio, sin incurrir en contradicción imposible de resolver. La idea izquierdista del nacionalismo tiene que postular el carácter voluntario de toda asociación de naciones *exdefinitione.* Ningún nacionalista de izquierda estará dispuesto a negar el derecho de los pertenecientes a otras naciones a decidir el destino de estas por su cuenta. Y ese es, justamente, el principal defecto del nacionalismo español: que no quiere reconocer la existencia de otras naciones dentro del Estado porque ello lo obligaría a arbitrar los medios para que esas otras naciones puedan manifestar libremente su voluntad.

Ya lo hemos señalado en otras partes: menguada conciencia nacional aquella que obliga a otras naciones a integrarse en donde no quieren estar integradas, porque desconfía del valor de su propia nación y sospecha que si los miembros de otra u otras minorías nacionales pudieran manifestarse libremente, en lugar de declararse miembros de la nación oficial o impuesta, escogerían caminos divergentes.

Hasta ahora hemos venido tratando este asunto del nacionalismo y la izquierda de una forma muy convencional y al uso. Pero esto es injusto en un aspecto concreto, al tratar el caso de Cataluña, en donde, además de la mayor densidad asociativa y la indudable aportación de la sociedad civil a la formulación nacional, se da también un fenómeno peculiar con la aparición de una organización política de poderosas raíces sociales, en un ejemplo de asociacionismo municipal de *grass-roots politics* como es la CUP o Candidatura de Unidad Popular (hoy convertida ya en CUP *nacional*), que se ha ido articulando y construyendo desde abajo, a partir de los ayuntamientos, hasta alcanzar representación en el Parlament catalán. La CUP, que recoge un amplio movimiento de emancipación nacional catalán que enraíza a veces en formas muy anteriores de organización, incluso procedentes de épocas de doctrinas violentas y armadas de liberación nacional (Fernández y Jòdar, 2016), tienen, sin embargo, un carácter radicalmente pacífico y pacíficamente radical. Allí en donde está presente se ha ganado la confianza de la gente, por sentido de la responsabilidad y su entrega desinteresada al trabajo, configurando así una alternativa a la acción política con una intensa carga moral.

La estructura de la CUP presenta tres niveles distintos: el asambleísmo, el independentismo y la solidaridad con los demás pueblos del Estado. El carácter asambleario es su nota más característica. La CUP no es un partido político ordinario y, por tanto, dada su organización de base democrática, con ellas no reza la ley de hierro de la oligarquía de Michels. El independentismo igualmente es genuino, sostenido e incombustible, pero esto no obsta para que, en tercer lugar, sea un movimiento con innegables lazos con los pueblos y naciones del resto del Estado, por cuanto combina los dos planos de la reivindicación independentista con la de la justicia social. Algo así plantea problemas de comprensión para perspectivas dicotómicas o maniqueas, como suelen ser las políticas (nacionalista/no nacionalista), y problemas también de implementación. No cabe, sin embargo, sino dejar constancia de ellos, sin pretender aportar soluciones fáciles, pues no las hay. En el fondo, se trata del mismo problema de caracterización de los vínculos o lazos que el independentismo haya de tener con los demás pueblos de España, lo que ya aparece en algunas confusas figuras utilizadas en los años de 1930, como el famoso «Estado catalán dentro de la República federal española», enunciado por Francesc Macià en 1931 y proclamado por Lluís Companys en octubre de 1934.

Los intelectuales

Es queja frecuente: ¿dónde están los intelectuales españoles que defiendan a Cataluña? Probablemente, en ninguna parte. Lo cual es llamativo porque, con la cantidad de intelectuales que, en cierto modo, *fabrican* nuestras sociedades y con la cantidad de conflictos sociales que se manifiestan en ellas, el trajín de los pensadores apenas conoce descanso. Las gentes dedicadas a los menesteres del intelecto están presentes en casi todos los acontecimientos sociales y gustan de verse, a veces, como protagonistas (como los *abajofirmantes* de infinitos manifiestos), otras como observadores (participantes o desde la torre de marfil), como comentaristas y hasta con funciones de ilustre asesoramiento con condignas retribuciones y honores.

Vayamos a una breve digresión previa para no perdernos y quedarnos en mera cháchara de aficionados. ¿Qué es un intelectual? La tradición desde Zola y desde antes quiere que se trate de alguien que dedica parte importante de su tiempo a decir a los demás lo que tienen que pensar y hacer. No es cosa de que estén en posesión de alguna cualidad específica objetivamente determinable que los autorice a ejercer esa función colectivamente admonitoria. Ni siquiera de que esta consista en unos atributos de carácter sacro o sacerdotal, si bien desde antiguo los clérigos han gozado de una consideración social muy extendida que asemejaba su condición a la de los intelectuales de hoy. De hecho, el famoso libro de Julien Benda conocido en español como *La traición de los intelectuales* se llamaba en francés *La trahison des clercs.*

Desde esta perspectiva ha de admitirse que esa función social que se adscribe al gesto de Zola al publicar su *J'accuse...!* en 1898, en el periódico *L'Aurore*, dirigido entonces por Georges Clemenceau, esto es, la protesta y la recriminación al poder político por algún abuso o comportamiento tiránico, ya venía de antes, especialmente de los tiempos de la Ilustración. Como típica obra de intelectuales han de juzgarse las *Cartas persas* (1721) de Montesquieu, replicadas luego en su espíritu por las *Cartas marruecas* (1789), de José

Cadalso. Y, por supuesto, con mucha mayor razón, el *Tratado sobre la tolerancia* (1761), de Voltaire, en el que se denuncia el caso Calas. Voltaire se alza en contra de la persecución religiosa, la intolerancia, la injusticia y la tortura. Zola se alza contra los prejuicios raciales, pero, además, toca una tecla muy sensible a fuer de extendida en las sociedades contemporáneas, un prejuicio racial específico, el antisemitismo. De ahí, probablemente, que su eco haya sido mayor y su *J'accuse...!* el que se haya convertido en símbolo de la crítica y la rebeldía intelectual.

El intelectual es la conciencia crítica que solo se debe a sus convicciones y su sentido de la justicia. No puede supeditar su juicio crítico a ninguna consideración de otro tipo, de lealtad colectiva o pertenencia a algún grupo con una conciencia distinta de la individual, que se basa en un criterio personal y razonado acerca del bien y del mal. Por eso tiene tanto impacto la mencionada tesis de *La traición de los intelectuales*, en la que Benda los acusa de haber abandonado su misión al anteponer otras consideraciones a esa función crítica, consideraciones de lealtad colectiva o de conveniencia nacional, pongamos por caso. Tratándose de la cuestión nacional, esto requiere cierta aclaración. No hay simetría entre los intelectuales del nacionalismo opresor y los del nacionalismo oprimido, que es una lucha de liberación/emancipación, una lucha de *resistencia*, cosa determinante. Los intelectuales que se alzan contra la opresión nacional y por la emancipación de un pueblo pueden estar equivocados, pero lo suyo no es una traición a los ideales de la intelectualidad, que en ningún caso puede consistir en el establecimiento de algún sistema de reparto de privilegios. Los intelectuales de las naciones oprimidas tienen sobre sí la tarea de luchar por ellas normalmente en circunstancias desventajosas y hasta peligrosas. Aunque luego estos pasen a ser nacionalismo opresor si las circunstancias para ello se dan, que no es infrecuente, apenas su opción emancipadora haya pasado a ser poder político establecido. En realidad, este caso del nacionalismo resistente contra el nacionalismo opresor es una versión concentrada del más amplio en el que los intelectuales que comienzan su andadura como ardientes paladines de una causa la terminan como celosos guardianes de la contraria. En un célebre libro de Andrés Trapiello encontramos decenas de ejemplos de rojos encendidos pasados al falangismo (los más), o arriscados falangistas convertidos en izquierdistas más o menos radicales (los menos), generalmente por conveniencia (Trapiello, 2010: 505-600). Basta igualmente con recordar la evolución de los intelectuales bolcheviques o próximos al bolchevismo, como Maiakovsky o Yesenin, y quienes posteriormente establecerían el canon estético soviético al estilo de Andrei Zdanov, el teórico del *realismo socialista*.

A los efectos que aquí nos interesan, el mundo de los intelectuales del Estado español no aparece dividido en torno a la contradicción de clase, sino a la nacional, a la distancia entre las dos naciones, la española y la catalana.

Los intelectuales catalanes se sitúan a lo largo de una línea entre los dos polos del independentismo y el españolismo. Al legitimarse, buscan sus antecedentes en épocas de la historia anteriores a la unión de Castilla y Aragón, por ejemplo, los tiempos de Ramon Llull. Lo que quieren encontrar no son intelectuales independentistas (porque por entonces no se planteaba el problema actual), sino *independientes*. De lo que se trata es de probar que existe la catalanidad desde hace mucho como algo que oponer a la hispanidad. Los intelectuales independentistas son relativamente recientes. Poco a poco va abriéndose camino una conciencia nacionalista que arraiga en el siglo XIX con el surgimiento del catalanismo en Milà i Fontanals, Víctor Balaguer, Antoni de Bofarull y Valentí Almirall, considerado ya el *padre del catalanismo político*, que toma nuevos rumbos a partir del Centre Català y manifestaciones como la Renaixença o más articuladas políticamente, como las Bases de Manresa, una especie de intento de Constitución catalana, o la Mancomunidad catalana, que llegó a tener existencia material por ley de 1912 y fue finalmente disuelta por una decisión de la dictadura de Primo de Rivera en 1924.

El catalanismo político se desarrolla con fuerza en el siglo xx con Prat de la Riba, Francesc Cambó o Josep Puig i Cadafalch, o en un sentido más conservador y católico con Jaume Collell o Torras i Bages. La línea sigue hasta hoy ininterrumpidamente, desde intelectuales imbuidos de catalanismo, que van acercándose al independentismo, como Jaume Vincens Vives, Josep Fontana, Salvador Espriu, Maria del Mar Bonet, Oriol Bohigas, Ovidi Montllor o Josep Maria Terricabras, a los que ya son independentistas sin ambages, como Lluís Llach, Josep Carreras, Xavier Rubert de Ventós, Salvador Giner, Jaume Sobrequés o Juanjo Puigcorbé. En cierto modo, los intelectuales catalanes nacionalistas caerían en la línea de la traición de los intelectuales de Benda. De ahí esa expresión tan frecuente de que están deseando ser independientes para dejar de ser nacionalistas. Eso es el nacionalismo de resistencia.

Los intelectuales catalanes unionistas son de varios tipos. Predomina el ejemplar combativo, bronco con talante agresivo, al estilo de Arcadi Espada, Salvador Sostres, Albert Boadella, Félix de Azúa..., pero también los hay dialogantes, tolerantes, demócratas y más moderados, como Jordi Llovet, Juan Marsé, Isabel Coixet, Anna Maria Moix, Xavier Vidal-Folch, Rosa Regàs, Ignacio Ramonet, etc. Los broncos se desesperan porque no encuentran en la intelectualidad española la fábrica de legitimación que esperan y se ven obligados a hacerla ellos. Los moderados suelen dar en la vena irónica, cuando no resignada. Igual que Tocqueville veía que nada podría oponerse al avance del ideal igualitario democrático, estos intelectuales sospechan con cierto desánimo que el nacionalismo se saldrá con la suya y, aunque temen el advenimiento de una sociedad movilizada por el nacionalismo catalán, tienen una experiencia de origen mucho peor que los cura de espantos: la de una sociedad movilizada por el nacionalismo español como la que ellos experimentaron en sus infancias y adolescencias. Otra cosa es que puedan o quieran extraer conclusiones de esa experiencia de varias generaciones.

Los intelectuales españoles raras veces si acaso serán simpatizantes con el independentismo catalán. Algunos hay, escasísimos, desde luego, normalmente coincidentes con la izquierda relativamente radical, como Suso de Toro, el Gran Wyoming, Carlo Fabretti, Carlos Fernández Liria, Santiago Alba Rico, etc., y sin que la cuestión del nacionalismo (ajeno) les ocupe mucho tiempo y atención. La mayoría de los intelectuales españoles, sin embargo, es francamente hostil al independentismo catalán. Hay, sí, una simpatía grande, y la ha habido siempre, con los catalanes que reivindican la nación cultural, la Renaixença, etc. El ejemplo clásico es la admiración de Menéndez Pelayo por Milà i Fontanals. Pero no la hay con aquellos intelectuales catalanes que reivindican la nación política.

Porque la nación política, en España, solo puede ser la española. Una vieja historia que entronca con la leyenda de las dos Españas y con la dificultad de los intelectuales españoles de identificar el objeto de su culto y adoración, esto es, la nación española. La mera cuestión de la leyenda negra ya es un indicativo de lo complicadas que son las cosas. Cuando la cuestión nacional se plantea en una dubitativa España, sobre todo en el siglo XIX, se hace casi siempre a contracorriente. Una España, la conservadora, defiende una idea de la nación española empapada de catolicismo. Otra, la liberal, propugna una idea distinta, entreverada de derrota. Pero generalmente en toda esta reflexión se encuentra, inconfesa y latente, la idea de que la nación española es problemática. Por más que queramos ocultarlo, una nación que en algo más de cien años (entre 1833 y 1936) conoce cuatro guerras civiles, la última de ellas especialmente salvaje y con unas consecuencias que aún se perciben, no puede considerarse en serio como una nación. Y ese es el problema. Si hacemos caso omiso de la divisoria en las dos Españas y seguimos la evolución del concepto de nación desde el siglo XIX, encontramos primero una versión muy afrancesada del concepto. Después de la independencia de América y la conciencia de la decadencia, llega otra oleada de literatura en buena medida similar al arbitrismo del siglo XVII. Con Lucas Mallada, Macías Picavea y, sobre todo, Joaquín Costa, el regeneracionismo se impone como intento de rescatar a España frente al marasmo de una suerte de disolución nacional e intenta ser un revulsivo. El movimiento, sin embargo, presenta sus ribetes de resignación y fatalismo, perfectamente identificables en Juan Valera o Ángel Ganivet, es decir, la aguda conciencia de la insuficiencia nacional gracias al *desastre del 98*, que nadie realmente se explica.

Viene luego la generación del 98, con el doble replanteamiento, hacia dentro (Castilla y la nación española) y hacia fuera (España y Europa). Y después, la del 27, que trae una actitud menos especulativa que la anterior y más dada a un enfoque práctico, empírico, pragmático. La divisoria entre ambas (por supuesto, de carácter meramente simbólico) es la Junta para la Ampliación de Estudios. Los del 98 teorizan sobre los destinos de España y Europa. Los del 27 quieren recuperar el terreno perdido e imbuir en las nuevas generaciones el espíritu europeo, para lo cual realizan innovaciones pedagógicas y envían a los jóvenes a estudiar a los países europeos, singularmente a Alemania. Luego, ambas generaciones (98 y 27) se frustran de nuevo en su común empeño *modernizador* y europeísta con la Guerra Civil, y de modo definitivo con los cuarenta años de dictadura, que estuvo dirigida contra las clases populares del Estado y específicamente contra Cataluña. Merece la pena considerar estos cuatro decenios con algo más de detenimiento, porque solo mucho después hemos descubierto hasta qué punto fueron determinantes en la articulación de la conciencia contemporánea española.

Arranca el asunto con los intelectuales de la posguerra civil. Los falangistas de *Escorial*. ¿Cómo iban a simpatizar con el catalanismo unos intelectuales que suspiraban por restablecer el Imperio? Tanto los *civiles*, como Dionisio Ridruejo, Antonio Tovar, Luis Felipe Vivanco, Gonzalo Torrente, Sánchez Mazas, Giménez Caballero, Javier Conde, Laín Entralgo, Pemán, Camón Aznar, como los *sacerdotales* o eclesiásticos (Calvo Serer, Ruiz-Giménez, Aranguren, etc.). Al igual que los anteriores, aunque no fueran afectos al

Movimiento, los hubo que se acobardaron con la guerra y, al final, se reintegraron, como Azorín, Ortega, Marañón, Menéndez Pidal, Baroja o Gómez de la Serna, ¿cómo iban a querer que se les discutiera la primacía de la españolidad castellana, de la que se les había hecho señores absolutos siempre que aceptaran sin rechistar la vergüenza de la dictadura y callaran ante el desprecio a la cultura? Ayudaban, y mucho, algunos intelectuales catalanes, pasados al franquismo, como D'Ors, Pla, etc. Algunos de aquellos flamantes intelectuales imperiales del comienzo llegaron a arrepentirse y dieron cuenta de su giro en los años sesenta y setenta. Fueron así acogidos en el generoso club de los *pentiti*. De lo que no se arrepintió ninguno fue de su anticatalanismo.

Hubo, por supuesto, numerosos intelectuales opuestos al fascismo. El primer grupo que cabe recordar es el de los asesinados por este: García Lorca, Miguel Hernández, Julián Besteiro, Julián Zugazagoitia, Blas Infante, Cruz Salido, Ciges Aparicio o Vicente Ballester. Nombres que, en cierto modo, contrapesan los asesinados por los republicanos, como Ramiro de Maeztu, Muñoz Seca, Víctor Pradera o Melquíades Álvarez.

Luego están los intelectuales del exilio, de los diversos exilios, pues no solamente huían del franquismo, también los hubo que huyeron de la guerra en sí misma o del predominio que en ella acabaron obteniendo los comunistas, como Salvador de Madariaga, Rosa Chacel, Pérez de Ayala, Luis Cernuda, Clara Campoamor, Claudio Sánchez Albornoz, Ramón J. Sender. La mayoría, sin embargo, huyó del fascismo, aunque, por supuesto, con peripecias y adhesiones personales muy distintas: Max Aub, Machado, Bergamín, Castelao, Alberti, Juan Ramón, Cernuda, Buñuel, Sánchez Albornoz, Américo Castro, Corpus Barga, Gil Albert, María Zambrano, Moreno Villa y muchos otros que mantuvieron la dignidad de su oficio y su labor creadora en el extranjero hasta configurar la verdadera cara de España en toda su variedad y creatividad. Exceptuados algunos de origen catalán, la cuestión de Cataluña no contaba prácticamente nada en su obra.

Hubo asimismo un *exilio interior* tan abundante en matices como el exterior, desde intelectuales en cierto modo del régimen que se abstuvieron de colaborar con él, como Agustín de Foxá, Luis Rosales o Leopoldo Panero, hasta los liberales, republicanos y desafectos en general, que se mantuvieron al margen, como Jacinto Benavente, Vicente Aleixandre, Gerardo Diego, Julián Marías, Dámaso Alonso y Rafael Cansinos Assens, o algunos que acabaron marchándose, como Pedro Salinas o Jorge Guillén (Zaragoza Pelayo, 2013; Trapiello, 2010).

Al día de hoy, los intelectuales españoles de derechas son casi sin excepción pronunciadamente anticatalanistas. Se ha recuperado el *orgullo de ser de derechas*, que había pasado por una etapa de sordina a lo largo de la pretendida hegemonía ideológica de la izquierda durante la transición, y se ha afianzado al comprobar que esta no implicó un cambio sustancial de circunstancias, usos y costumbres, y que de fuera venía una considerable ayuda bajo la forma de la contrahegemonía mundial del *pensamiento único* y el neoliberalismo. Todo lo que tenía que hacer la intelectualidad española tradicional era actualizar sus planteamientos, no tanto en el fondo (pues sigue siendo nacionalcatólica) sino en la forma, en la apariencia, los recursos, los temas, la presentación y algunos enfoques particularmente tergiversados. El ejemplo más patente de esta mixtificación se da en la medida en que los pensadores españoles de tradición más claramente filofascista y nacionalcatólica pretenden hacer una lectura en clave liberal del franquismo y el conservadurismo español. Es ese que dice, como suele hacer Esperanza Aguirre, que Franco era socialista. Aunque cualquier parecido entre la política Esperanza Aguirre y una pensadora o intelectual solo puede ser producto del delirio, el ejemplo de la falsificación y la desvergüenza intelectual es transparente y nos ahorra andar deshaciendo las brumas con que el grueso de la tropa intelectual española de la derecha envuelve su discurso con lucubraciones acerca de la inutilidad de la distinción entre la derecha y la izquierda, la unificación por la base del genuino sentir de España o la idea tan frecuentemente repetida de que todo nacionalismo es perjudicial, nocivo, irracional o quizá algo peor, dando por supuesto que los nacionalistas son siempre los demás, los catalanes, vascos o gallegos, pero no los españoles, que deben de ser el único pueblo del mundo libre de esa condición nacionalista que azota a todos los demás.

Porque es en la cuestión de los nacionalismos, y especialmente del catalán, en donde mejor se observa la deriva de los intelectuales españoles de la izquierda a la derecha. Como dice Sánchez Cuenca: «Quizá sea la cuestión eterna sobre el ser de España la que mejor ha permitido visualizar el cambio al que me refiero. Si en otros tiempos los intelectuales de izquierda creyeron tener una suerte de afinidad natural con los movimientos nacionalistas vascos y catalanes que reclamaban un Estado propio, hoy han abjurado completamente de aquellas ideas y las han sustituido por otras no menos dogmáticas y esquemáticas que las anteriores, según las cuales estos nacionalismos son un vestigio de la *tribu*, una doctrina irracionalista de principio a fin que no cabe en nuestro orden liberal. El término *tribu* es hoy un comodín tan gastado como en su día lo fue el *sistema* o los *poderes fácticos*» (Sánchez Cuenca, 2009). Ejemplos notables de ese desplazamiento desde un izquierdismo originario hasta una actitud de enfrentamiento con el nacionalismo no español son, entre otros, Jon Juaristi, Gustavo Bueno, Francesc de Carreras, Albert Boadella, etc.

Los intelectuales de izquierda no son directamente anticatalanistas, pero prefieren orillar el asunto por encontrarlo incómodo, dada la contradicción que supone oponerse a un sentimiento que saben (o intuyen) genuino (la nación catalana) en nombre de otro que no se sabe bien en qué consiste y está muy mal avenido. Son Juan Trías, José Luis Abellán, Caballero Bonald, Julio Diamante, Antonio Ferres, Nicolás Sánchez Albornoz, Ángel Viñas, etc.

Los intelectuales son habitantes de la república de las ideas, los símbolos, los significados. Viven de teorías. Son particularmente sensibles, por lo tanto, al impacto de la independencia de Cataluña en esa república de las ideas, símbolos y significados. Dicho en términos algo dramáticos, con la independencia de Cataluña, los intelectuales anticatalanistas y unionistas, broncos o dialogantes se encuentran con el mismo problema: cómo teorizar el sentimiento colectivo de quedarse sin nación, sin patria, esto es, sin el referente sobre el cual han trenzado sus propias identidades y están acostumbrados a que se acuñen la de quienes los rodean: los españoles tienen una patria, España. Ya nadie habla de *las Españas*, y tampoco gustan recordar tiempos aciagos en que se imponía la idea de la unidad de España a sangre y fuego (España *una, grande, libre*), pero una patria, una nación, cuando menos han de tener. La perspectiva de que esta se escinda y que parte de ella —y una parte muy significativa como Cataluña— se desgaje suscita auténtica angustia vital. Habrá que recomponer todo el ciclo de memorias compartidas y convivir incómodamente en un presente que, finalmente, parece reducirse a la enteca *conllevancia* orteguiana. Los intelectuales españoles residentes en España se quedan en un país cuya esencia va a cambiar y se enfrentan incluso al problema de qué nombre darle. Los intelectuales unionistas residentes en Cataluña tienen una situación aún más difícil: se quedan sin su país anterior pero dentro de otro que tiene una clara conciencia de sí mismo y está muy movilizado. Temen ser considerados ciudadanos de segunda, se sienten desplazados de una conciencia colectiva que ya no gira en torno suyo ni de sus valores y símbolos, y se ven forzados a considerar una posibilidad que nunca estuvo en su horizonte, como sí lo ha estado durante siglos en el de los intelectuales de izquierda: el exilio. Es natural que respondan con agresividad. Mucha más que la de los intelectuales hostiles al nacionalismo catalán pero residentes en el resto del Estado español.

Los medios de comunicación

Los medios de comunicación de masas son el otro elemento imprescindible que configura el impacto social de los intelectuales.

Habrá incluso quien diga que, en realidad, solo puede hablarse de intelectuales en cuanto a su función social, desde que hay este tipo de medios de comunicación. Algo de eso es cierto. Es verdad que la comunicación es una necesidad humana que se ha satisfecho desde el comienzo de los tiempos. La pintura es un medio de comunicación. El arte rupestre es comunicación. La humanidad es humanidad porque se comunica. Pero los intelectuales en cuanto aquellos que consiguen un impacto masivo como resultado de su acción solo puede decirse que existan desde que hay posibilidad de reproducción mecánica de signos, a través del primer medio de comunicación de masas: la imprenta. La imprenta hizo posible la difusión en masa de los signos, de la palabra escrita, de la ilustración, hizo igualmente posible la prensa y, con ella, la formación de la opinión pública.

La vinculación entre medios de comunicación e intelectuales ha ido haciéndose más y más estrecha, al punto de que, en muchos casos, resulta difícil distinguir entre la figura del periodista de nombre y la del intelectual que se expresa en los medios. Son campos que tienden a mezclarse, constituyendo un territorio mestizo. En el capítulo anterior dábamos como ejemplo simbólico del nacimiento de la figura del intelectual el célebre artículo de Émile Zola, un novelista, en *L'Aurore*, un periódico. Esa es la unión que convierte al intelectual en una figura de relevancia social: un escritor y una tribuna.

El desarrollo de los medios de comunicación ha sido vertiginoso desde que, a mediados del siglo XVIII, aparecieran los primeros periódicos. Desde la mitad del siglo XIX, los medios impresos se complementaron con los audiovisuales, que aún han conocido un desarrollo más espectacular, al extremo de que es el predominio de estos el que ha dado su peculiar carácter a nuestra época como la del reinado incuestionable de los medios de comunicación, determinando de forma decisiva nuestras organizaciones y relaciones sociales. En muy buena medida, nuestras sociedades son abiertas porque en ellas reina la publicidad y la información. Ciertamente conviven con otros dos factores con los que la comunicación mantiene relaciones muy conflictivas, el secreto y la manipulación.

La continua lucha entre estos tres elementos, comunicación, secreto y manipulación, es característica de la edad contemporánea, hasta el extremo de que esta puede leerse como una sucesión de casos en que dos de estos, si no los tres, entran en conflicto. La Guerra Hispano-Norteamericana comienza con la voladura del Maine, un acto de sabotaje instigado por los servicios estadounidenses de inteligencia y achacado por la prensa de la época a España; la Primera Guerra Mundial fue el campo de experimentación de todo tipo de técnicas de propaganda y esta, la propaganda, se convirtió en una actividad ordinaria de los Estados; el ascenso de los totalitarismos en los años de 1930 fue un proceso igualmente presidido por el empleo de los medios de comunicación impresos y audiovisuales y el recurso generalizado a la manipulación; la Segunda Guerra Mundial fue en gran medida una guerra ideológica que se libró en el terreno de los medios de todos los tipos; la posguerra y la Guerra Fría fueron años de actividades frenéticas de espionaje y contraespionaje, con sus factores concomitantes de secretos y manipulación; uno de los casos más decisivos de la función de los medios de comunicación en el descubrimiento de las acciones ilegales de los gobiernos fue el caso Watergate en los Estados Unidos, en el último tercio del siglo XX, y el siglo XXI arrancó con otro que abría perspectivas insospechadas en las relaciones entre derecho a la información, opinión pública y secreto de los Estados, el de Wikileaks.

En los conflictos sociales en los que tan decididamente intervienen los medios de comunicación, estos constituyen especies de posiciones y trincheras en las que combaten opinadores que están aglutinados por concepciones y/o intereses compartidos que no son tan rígidos como las disciplinas de partido, pero tampoco se alejan mucho de ellas. Los intelectuales y/o periodistas de renombre que participan en debates sociales o se alinean en conflictos políticos, morales, sociales, artísticos, etc. suelen agruparse en comunidades, colectividades, empresas, especie de escuderías con determinadas posiciones políticas, identificadas con una diversidad de signos externos. Los autores, periodistas, intelectuales que trabajan para un medio raramente cruzan las barreras y lo hacen para otro, salvo que haya cambiado su lealtad de forma efectiva, cosa que suele suceder cuando abandona una posición política, moral o religiosa por otra.

En España, los autores que escriben en *El País* no se confunden con los que los hacen en el *ABC* o *El Mundo* o *La Razón*. Y lo mismo sucede con los medios digitales: *Público*, *Diario.es*, *Infolibre*. Todos tienen sus firmas, sus articulistas, sus columnistas, que comparten posiciones, normalmente coincidentes con la línea general del medio. Los comentaristas, articulistas, etc. acaban creyendo que sus lectores no son lectores del medio, sino que son seguidores suyos, lectores con los que ellos cuentan como autores y que los buscarían y leerían si se fuesen a otro lugar. Pero casi ninguno hace la prueba del nueve, esto es, abre su propio espacio, personal e intransferible, como su marca personal, cosa que es hoy día muy factible en la red, y mira cuánta gente lo lee o lo sigue. En realidad, el público acude a un determinado medio, en el que espera encontrar la interpretación, la visión del mundo con las que se identifica y lee a quienes en él colaboran, pero no siempre por ellos mismos, sino por formar parte de una especie de frente. La relación entre los autores y los lectores está mediada por organizaciones sociales hoy día normalmente mercantiles.

Toda producción intelectual en un contexto vital que depende de otro condiciona, se quiera o no, el contenido de lo que se dice. Cuando, en épocas premodernas, anteriores a la expansión de los mercados, los intelectuales y/o artistas producían gracias al apoyo de mecenas civiles o eclesiásticos, trataban de agradarlos, de defender sus causas y estar en sintonía con ellas. Cuando producen para el mercado, siguen haciéndolo, aunque de forma más impersonal, de modo que parece que no lo hacen, pero se insertan igualmente en relaciones similares de dependencia que se configuran ahora como lo dicho, empresas mercantiles. Para los nobles seculares o eclesiásticos, los poetas, músicos, dramaturgos, historiadores a su cargo venían a ser parte de una servidumbre algo más ensalzada que los *valets de chambre* o los lacayos, pero todos dependían de sus mercedes y su buena voluntad. Hoy son empleados de empresas con nóminas que pagan consejos de administración pero que, en el fondo, plantean similares relaciones de dependencia. Si un columnista o intelectual de la escudería de *El País* incurre en el desagrado de Cebrián o cuestiona el banco o el fondo con el que este negocia los préstamos, toma directamente la puerta de la calle. Y lo mismo sucede con los demás. Esto da en general al debate intelectual e ideológico una calidad bastante baja. Como quiera que las escuderías forman alianzas y se mezclan y dan ocasión a sus miembros a producirse en otros espacios (quienes escriben en el *ABC* acuden a determinadas tertulias de televisión o radio, y lo mismo pasa con los de *El País* o *El Mundo*), con lo que el horizonte de opinión va estrechándose, ya que todo el mundo sabe lo que el tertuliano o escriba de turno va a decir, a poco que sepa en qué escudería trabaja.

Una reflexión aparte requiere el concepto de *intelectual orgánico*, con el que se pretende entender la función actual de los intelectuales en las sociedades caracterizadas por la lucha de clases. Desde los tiempos de Antonio Gramsci, a quien hay que agradecer la determinación, el *intelectual orgánico* es el que, a diferencia del *intelectual tradicional*, posee relaciones específicas con una clase, articula y defiende sus intereses en el conflicto social. Gramsci estaba interesado en la función de los intelectuales orgánicos de la clase obrera, entendida esta en términos marxistas, como la punta de lanza del elemento progresivo e innovador. El intelectual orgánico era el encargado de dar la batalla en el terreno de la ideología en defensa de las fuerzas del progreso y la emancipación, identificadas con la dicha clase obrera.

La teoría gramsciana muestra su insuficiencia cuando se repara precisamente en aquel concepto que el pensador sardo jamás cuestionó, el concepto de clase. Hablar del intelectual como vinculado a su clase no es precisamente una innovación para un pensador marxista, que, por serlo, cree que la posición social, o sea, la clase, determina la forma de pensar, el mundo de las representaciones, los valores y creencias, en definitiva, la ideología de todos, intelectuales y no intelectuales. Esto es algo trivial en el marxismo. Por ello, Gramsci añade el adjetivo *orgánico*, por un afán de precisión, para señalar que los intelectuales tienen una relación especial con su clase por cuanto piensan sus ideas, profesan sus valores, defienden sus aspiraciones, justifican y legitiman sus pretensiones. En definitiva, los intelectuales orgánicos son *defensores* de los intereses de clase. Tienen algo de soldados. Por supuesto, al ser la clase obrera la que representa los intereses de la humanidad entera, sus intelectuales orgánicos son los defensores de la emancipación humana. El problema, sin embargo, es que el concepto de clase es abstracto y nada abstracto puede tener elemento orgánico alguno. Los órganos son materiales y requieren la materialidad de los cuerpos para ser.

Así resulta que los intelectuales orgánicos, no pudiendo ser de clase, en realidad lo son de aquella manifestación material que habla en nombre de la clase: el partido. El intelectual orgánico de Gramsci es el intelectual de partido, el hombre al servicio del partido. Manteniéndonos en el terreno en que la concepción nace, el marxismo, el partido del que se habla es el partido comunista. Esta coyunda entre los intelectuales (generalmente burgueses) y el partido comunista se da en el terreno de la realidad antes de que el filósofo sardo la teorice. Más generalmente, se encuentra en las relaciones entre las corrientes artísticas de primeros del siglo xx y los partidos políticos, muy probablemente gracias al ímpetu conceptual que tiene el término *vanguardia*, muy cercano a los ideales artísticos y políticos. Filippo Tommaso Marinetti, quien fundó el partido futurista en 1918, ingresó en el partido fascista en 1919 y los surrealistas franceses, como bien se sabe, ingresaron en bloque en el partido comunista en 1927, antes de poner en marcha en 1930 su ambicioso proyecto de *Le surréalisme au service de la révolution*.

Algo parecido pasaría con la vanguardia artística bolchevique, el futurismo, el suprematismo, el constructivismo, todo ello en alianza con el partido obrero socialdemócrata ruso (bolchevique).

Es decir, la cosa se manifiesta antes de que Gramsci la teorice. El intelectual orgánico es una realidad a la que el filósofo da nombre: un intelectual al servicio de un partido político. Llegados aquí, el concepto adquiere su auténtica y sórdida dimensión: un intelectual al servicio de un partido político es cualquier cosa menos un intelectual si por tal cosa seguimos entendiendo alguien que ejerce un juicio crítico permanente no sometido a servidumbre alguna que no sea la verdad, la belleza y el bien, por utilizar la noble trilogía de la *República* de Platón. Un intelectual al servicio de un partido político es un legitimador de las contingencias del afán de poder de la oligarquía partidista de que se trate, un *traidor*, a los ojos de Benda; un siervo a los del autor de este libro, un esclavo. Cuando el intelectual dice articular las bases doctrinales, innovar y formular la teoría que su partido practica, sigue siendo un esclavo. Un esclavo *feliz*. Algo mucho peor que los intelectuales de escudería, porque estos están vinculados por un lazo mercantil, de interés, que siempre deja un margen, por estrecho que sea, para la dignidad de la persona. Los intelectuales orgánicos —muy abundantes en nuestras sociedades— no cuentan con este margen de salvación. Su abyección es total.

En el desarrollo de nuestras sociedades mediáticas todavía se produciría una realidad muy compleja, nacida de la revolución tecnológica del siglo XX y necesitada de nuevos parámetros de interpretación, la de internet. El efecto más llamativo de internet no es que haya acabado con la prensa en papel y, en general con el empleo del papel como medio de comunicación, sino que haya transformado radicalmente la estructura de la relación comunicativa ordinaria. Como se sabe, según la teoría del flujo de información en dos momentos, de Paul Lazarsfeld, aquella implica la existencia de un emisor de la información, unos medios de repetición y un público consumidor. Hoy, en cambio, prospera lo que ha dado en llamarse la *comunicación 2.0*, que ha puesto esta, la comunicación, al alcance de todos los miembros de la comunidad o colectividad. Parafraseando la gran conquista de la Reforma protestante, que había establecido el *sacerdocio universal de los creyentes*, podría decirse que internet ha convertido a todos los ciudadanos en periodistas y, picando algo más alto, en intelectuales, en la medida en que estos pueden valerse ahora de medios de expresión que antaño estaban reservados a entes empresariales o institucionales pero, en todo caso, no estrictamente individuales. Anteriormente, cuando los individuos tenían acceso a los medios era debido a un proceso de cooptación que les daba ese privilegio y por el que habitualmente pagaban respetando y defendiendo su línea ideológica.

Internet ha roto esa relación y puesto al alcance de todo el mundo la posibilidad de hacerse leer y/o escuchar o ver. Cualquiera puede hoy colgar textos en la red visible por doquier, sonido, imagen a través de vídeos, etc. Por supuesto, las empresas e instituciones tienen ventaja y actúan de agentes y lanzadores de prestigios, pero hoy hasta el lobo más solitario tiene ocasión de hacerse notar. Otra cosa es que los posibles oyentes estén interesados en escucharlo. Y, por descontado, si es lobo solitario solo podrá confiar en sus propias fuerzas, ya que, no contando con el beneplácito de una escudería, bandería o grupo, nadie le dará cuartel y se tratará siempre de silenciar sus opiniones, con independencia de su valor intrínseco, como primera medida. Y no hablemos ya de los intelectuales orgánicos, los siervos de los partidos. Para esos, el intelectual solitario, sin bandería ni partido, es un peligro público que hay que neutralizar al precio que sea. Si, luego, el obstinado opinante consigue romper la barrera del silencio, es probable que goce de acceso a medios de mayor repercusión, pero en modo alguno seguro. No parece juego limpio pero es así, según un sistema mercantil de prestigios y reconocimientos armado en general en un entramado de influencias, subvenciones, premios, colaboraciones y accesos más o menos privilegiados a los centros de poder y reparto de mercedes. Por supuesto, cuando los correspondientes partidos llegan al poder, redoblan la administración de recompensas y privilegios por los servicios prestados porque controlan la bolsa de los fondos públicos, jardín feraz en el que prospera una caterva de mediocres complacientes.

En cuanto al asunto de Cataluña que nos ocupa, prácticamente todos los medios de comunicación españoles son contrarios al independentismo catalán, como alimentados que están por periodistas e intelectuales nacionalistas españoles, tanto del sector más agresivo como del más dialogante. Los medios no tienen una actitud equidistante, ni siquiera objetiva. Son militantes, como lo señalan Hallin y Mancini en su estudio sobre los sistemas comparados de medios de comunicación que ya hemos citado (Hallin y Mancini, 2008). En un primer momento, cabría pensar que la razón de esta animadversión cerrada en medios que, en principio, viven de narrar la realidad como se produce, y no como ellos quisieran que se produjera, probablemente tenga que ver con la cuestión de las audiencias. La independencia de Cataluña disminuiría la difusión de los medios españoles. Pero esta es una interpretación seguramente materialista en exceso, y es probable que se den otras motivaciones.

Los gobernantes españoles y la mayoría de los medios de comunicación comparten una determinada idea de España. De esta forma, aunque el tratamiento de la cuestión catalana en los medios estatales es muy variada, en el fondo lo es en una gama muy sucinta de tonalidades, que va desde la simple animadversión hasta el odio más profundo. En ambos casos, los medios siguen las consignas de los gobernantes, aunque puedan hacerlo con buena conciencia y sosiego. No es infrecuente que *El País* editorialice con solemnidad puntos de vista fabricados en La Moncloa, y es absolutamente usual que comparta con ella criterios, símbolos, imágenes, metáforas, el *stuff* de que está hecha la comunicación política. Y eso tratando del medio más reconocidamente profesional y de mayor calidad en cuanto a cuestiones de comunicación y respeto a los derechos de expresión e información. Los otros medios recogen los puntos de vista oficiales de los sectores más extremos y radicales, incluso si no son ellos mismos quienes fabrican la doctrina que luego tratan de vender a las instancias de gobierno como medidas políticas que conviene aplicar. Pero, además, los medios tienen una tendencia intrínseca a transitar por la vía del escándalo y la exageración. Es difícil resistirse a esa afición en una sociedad en la que esta cuenta con una demanda considerable. Ahí ya campa por sus respetos el odio más profundo. Eso es especialmente visible en programas de radio dominados por periodistas muy conocidos, como Carlos Herrera (RNE) o Federico Jiménez Losantos (esRadio), básicamente dedicados a insultar a quienes piensen de forma distinta y, por supuesto, a los independentistas catalanes. O programas y tertulias televisivas, como los de 13 TV (un canal de la Iglesia, sostenido con el dinero de todos los contribuyentes) o los de los canales de la televisión pública (TVE, Telemadrid), en los que reina la agresión y la difamación de todo lo que no sea la línea oficial del medio y, por descontado y muy especialmente, el independentismo catalán.

Esa actitud puede observarse en el tratamiento que recibe Cataluña y lo catalán en Twitter. En la medida en que internet es medio, pero también medio en el sentido de medio ambiente de la acción social, esta potenciación del odio anticatalán es especialmente virulenta. Desde la animadversión hasta el insulto, la agresión, la amenaza o el desprecio, la catalanofobia es dominante en las redes. Es verdad que también se da a la inversa, porque los prejuicios entre dos colectividades raramente son unidireccionales, y que asimismo se observan agresión y odio antiespañoles de la parte catalana. Pero no hay punto de comparación cualitativa ni cuantitativamente entre ambas formas de agresión. De hecho, sobre la mesa de la fiscalía especializada en estos asuntos hay docenas de denuncias catalanas por incitación al odio y a la violencia en cuentas españolas, mientras que tal no es el caso a la inversa.

La inexistencia del independentismo catalán en los programas de TVE de mayor audiencia y en las tertulias es verdaderamente llamativa. Para tratarse del problema más serio que afecta a la supervivencia del Estado español, casi diríase que la invisibilidad del independentismo catalán en TVE es una típica negligencia culpable en el deber de informar. La complicidad de los medios de comunicación con la política de silencio y enmudecimiento del Gobierno es especialmente reprochable cuando se tiene en cuenta que, al aplicarla, los medios de comunicación faltan a su misma esencia, a su razón de ser, que es informar y hacerlo con veracidad. Pero esto no reza con Cataluña, respecto a la cual en los medios españoles vale todo, desde la manipulación hasta el silencio.

En España no ha habido tradicionalmente especial respeto por la libertad de expresión ni de información. En general, no ha habido especial respeto por las libertades a secas. Pero con el Gobierno de mayoría absoluta del PP en la x legislatura (2011-2015) la manipulación, la censura, la propaganda al servicio del Gobierno alcanzaron el paroxismo. Lo primero que hizo Rajoy apenas estrenado fue modificar unilateralmente la Ley 17/2006, de 5 de junio, de la radio y la televisión de titularidad estatal que había dejado el PSOE. Esta ley preveía en su artículo 11.4 y 11.5 que la RTVE estuviera controlada por un Consejo de Administración de doce miembros, elegidos ocho por el Congreso y cuatro por el Senado por mayoría de dos tercios en cada Cámara. Lo mismo se exigía para el cargo de director. La mayoría de dos tercios trataba de garantizar que los electos lo fueran por consenso en el Parlamento. Por Real Decreto-ley 15/2012, de 20 de abril, de modificación del régimen de administración de la Corporación RTVE, previsto en aquella, el Gobierno redujo a nueve los miembros del Consejo de Administración (cinco Congreso y cuatro Senado) y rebajó a la mayoría absoluta la exigencia de dos tercios en segunda vuelta, mayoría que tenía garantizada con las elecciones. Esto le permitió soslayar el consenso e imponer con sus solos votos a un director de su preferencia, un comisario político de la derecha que, desde el principio, puso la RTVE al servicio incondicional del partido en el Gobierno, la convirtió en un ariete contra la oposición, manipuló la información y los programas de debate haciendo propaganda descarada de la derecha, con lo que acabó con el escasísimo prestigio que le quedaba al ente, dejándolo reducido a unas cifras de audiencia irrisorias, de menos del 7 % y por debajo muchas veces de Telecinco, Antena 3 y también de la Sexta y Cuatro.

Todos los medios públicos en manos del PP han sufrido análogo proceso de degradación. La derecha neofranquista es alérgica a la libertad de expresión y el pluralismo. El Canal 9 de Valencia, una vergüenza de *agitprop* al servicio del PP, nido de corrupción institucional en donde se hacía negocio robando hasta con motivo de la visita del papa, foco de latrocinio sistemático y de casos de escándalo por acoso sexual de los jefes a las empleadas, hubo de ser cerrada por el propio PP a causa de la situación de ruina en que la había dejado. Telemadrid y RTVE de Castilla-La Mancha se salvaron de milagro, pero todo el mundo conoce la clase de bazofia que estos entes emitían, el ninguneo de las voces independientes y la compra a precio de oro de periodistas del zurriago, verdaderos desalmados que, con tal de cobrar el dinero que el PP y sus gobiernos les pagaban, eran capaces de todo, hasta de lo más ruin. Según el comité de empresa, Telemadrid pagó con dinero público más de diecinueve millones de euros, entre 2004 y 2014, a cinco periodistas encargados de cantar las excelencias del PP, Hermann Tertsch, Cristina Tárrega, Ernesto Sáenz de Buruaga, Fernando Sánchez Dragó y Melchor Miralles, por programas que podían tener audiencias de 3,2 %, como el de Sánchez Dragó.

Lo anterior pudiera interpretarse como una demasía momentánea, un exceso de manipulación movido por una situación excepcional de haber ganado unas elecciones por una sobrada mayoría absoluta y que, restablecida la situación de normalidad, la derecha retornaría a un tratamiento más ecuánime y democrático de la información. Pero esa interpretación sería errónea. La actitud del Partido Popular hacia los medios públicos de comunicación, como hacia todos los servicios públicos, es premeditada y responde a un claro propósito e intencionalidad: sustituir todo lo público por lo privado, privatizarlo todo. Para ello, una vez alcanza capacidad para gestionar cualquiera de estos ámbitos (trátese de la comunicación, de la sanidad, de la educación, etc.), lo que hace es descapitalizarlo, sostener que es imprescindible ahorrar porque no hay dinero. En buena medida es una profecía que se autocumple, ya que, siempre que puede, la derecha baja los impuestos, sobre todo a los sectores más acomodados, que son los suyos, con lo cual, obviamente, disminuyen los ingresos públicos. Esto es lo que permite decir que, pues no hay dinero, no se puede destinar a los servicios públicos. Una vez estos descapitalizados, convertidos en lugares de enchufe de los amigos y allegados políticos y gestionados de forma deliberadamente ineficiente, se argumenta que no funcionan y que hay que cerrarlos o vendérselos a la empresa privada. De sobra saben los estrategas de la derecha que el capital interesado en hacer negocio con los medios de comunicación pondrá a estos al servicio de sus programas políticos. En resumen, la manipulación de los medios, la tergiversación de la información, la censura, la propaganda y el engaño están lejos de ser manifestaciones esporádicas y responden a una línea política perfectamente trazada en el programa neoliberal de fortalecer el capitalismo e incrementar la tasa de explotación de los trabajadores. Los intelectuales que se prestan a ello, habitualmente pagados con toda munificencia con dineros públicos, saben muy bien lo que hacen.

Es obvio que, en tal contexto, las audiencias no pueden aspirar a recibir una información medianamente aceptable sobre la cuestión catalana. Al contrario, lo que reciben es basura, mentiras del Gobierno y ataques al independentismo catalán. Otra cosa son los medios puramente catalanes. En ellos hay más presencia del independentismo en la radio, por supuesto en los periódicos digitales y algo, aunque solo parcialmente, en la TV catalana, cuyos programas están más equilibrados y son plurales. Por pluralismo debe entenderse aquí el genuino, el que deja hablar a todas las opciones y no unas reales y otras falsificadas, como suelen hacer las televisiones españolas. Téngase igualmente en cuenta que la programación de la televisión pública catalana está sometida a un escrutinio estrecho de las opciones políticas contrarias, que denuncian manipulación incluso cuando no la hay. La prensa impresa es generalmente españolista, esté escrita en castellano o catalán. Debe concluirse, por tanto, que, a pesar del carácter mediático de nuestra sociedad, el abrumador predominio del nacionalismo español en los medios no consigue contrarrestar la tendencia de la sociedad catalana al soberanismo porque esta no depende solamente de los medios, sino de la movilización de la sociedad civil.

Los poderes fácticos

Por tales entendemos las fuerzas armadas, las fuerzas y cuerpos de seguridad del Estado, la patronal, los sindicatos y la banca. Son instancias de naturaleza muy distinta que suelen considerarse desde un punto de vista politológico como centros de influencia, como grupos de interés o presión, que pretenden influir en las decisiones de las distintas instancias del Estado, en los ámbitos legislativo, ejecutivo y judicial, a pesar de no tener un origen común en la estructura representativa del Estado, puesto que ninguno de ellos es de origen electivo ni tiene una forma democrática de funcionamiento. Sin duda, las fuerzas armadas y los cuerpos de seguridad, en cuanto aparatos represivos del Estado, aun teniendo una importancia política ya muy mermada, que arrastran de la época dictatorial anterior, en que la tenían muy elevada, presentan un aspecto institucional sometido al funcionamiento ordinario del sistema político, que será lo que esencialmente analizaremos aquí. Las otras, la banca, la patronal y los sindicatos, son también *poderes fácticos* pero, al no tener una estructura directamente coactiva, se considerarán más en el marco de los grupos de presión de la sociedad civil.

El supuesto en que las fuerzas y cuerpos de seguridad del Estado hayan de entrar en funcionamiento en el campo que nos ocupa, obviamente, sería el de que se diera una situación de enfrentamiento entre el Estado central y una comunidad autónoma, en este caso,

Cataluña. El ordenamiento jurídico dispone de recursos para imponer el cumplimiento de la ley aun en casos de excepcionalidad. El primero de todos y que suele invocarse de vez en cuando en el contexto de la evolución del conflicto entre Cataluña y España es el que aparece en el artículo 155 de la Constitución, que reza: «1. Si una Comunidad Autónoma no cumpliere las obligaciones que la Constitución u otras leyes le impongan, o actuare de forma que atente gravemente al interés general de España, el Gobierno, previo requerimiento al presidente de la Comunidad Autónoma y, en el caso de no ser atendido, con la aprobación por mayoría absoluta del Senado, podrá adoptar las medidas necesarias para obligar a aquélla al cumplimiento forzoso de dichas obligaciones o para la protección del mencionado interés general. 2. Para la ejecución de las medidas previstas en el apartado anterior, el Gobierno podrá dar instrucciones a todas las autoridades de las comunidades autónomas».

Suele interpretarse erróneamente que esta previsión implica una *suspensión* de la autonomía, y así no es extraño escuchar a algunos representantes políticos de la derecha exigir su aplicación en este sentido. Pero, como puede verse del tenor literal de la disposición, no se prevé suspensión alguna. De hecho, en ninguna parte se supone que el Estado central pueda *suspender* ninguna autonomía. Lo que, obviamente, puede hacer y para lo que tiene competencias es para «adoptar las medidas necesarias» con el fin de obligar a una comunidad autónoma al cumplimiento de sus obligaciones o para la protección del interés general, con la autorización del Senado por mayoría absoluta. Qué deba entenderse por ambas cosas no está claro, y es lógico que no lo esté por cuanto carecemos de precedentes y se trata de situaciones excepcionales que deberán ser valoradas por las autoridades en cada caso, según un principio de prudente discrecionalidad. Pero, en todo caso, parece razonable suponer que se tratará de una situación en la que las autoridades de la comunidad autónoma se nieguen a actuar de acuerdo con las previsiones del ordenamiento constitucional o desobedezcan las órdenes que les afecten de la autoridad central. Dicho en otros términos, puede ser una situación, perfectamente previsible, a la vista del desarrollo de los acontecimientos, en la que dichas autoridades adopten una actitud de desobediencia que pueda incurrir en alguno de los supuestos de los delitos contra el orden público previstos en el título XXII del libro II del Código Penal (arts. 544 a 580), esto es, atentados contra la autoridad, sus agentes y funcionarios públicos, el maltrato a la fuerza armada, la resistencia y la desobediencia, los desórdenes públicos, la tenencia, tráfico y depósito de armas, municiones o explosivos y los delitos de terrorismo.

Enfrentado a alguno de estos supuestos, el Estado habrá de tomar las «medidas necesarias» y dar las instrucciones pertinentes a *todas* las autoridades de las comunidades autónomas, incluidas, claro es, las fuerzas de orden público autonómicas. ¿Y si las autoridades autonómicas se negaran a cumplir dichas órdenes, si se declararan en rebeldía?

El Estado dispone de la Policía Nacional y la Guardia Civil, dos cuerpos represivos que puede emplear cuando lo estime oportuno. No hay mucha experiencia en España en materia de gestión de conflictos políticos a través de las fuerzas de orden público, porque tradicionalmente esos asuntos han corrido a cargo de los militares, siempre omnipresentes. Es obvio, sin embargo, que, si la cuestión catalana se encona, el Gobierno central habrá de recurrir a estas fuerzas como paso previo y por razón de la proporcionalidad de la respuesta al reto que se plantea. Aquí puede darse un curioso conflicto de competencias porque esas fuerzas del Estado que pasarían a actuar en Cataluña, en principio y salvo situación de excepcionalidad, deberían depender de las autoridades autonómicas, precisamente de aquellas cuyos actos se impugnan, lo que no dejaría de ser curioso y, en realidad, obligaría a utilizar la legislación de excepción para evitarlo, lo cual haría superfluo el recurso a las fuerzas represivas policiales ordinarias. Además, aunque se salvara el escollo anterior, estas fuerzas entrarían en contacto con las propias de la comunidad autónoma y, aunque las autoridades centrales partirán del supuesto de que las del Estado obedecerán sus órdenes, no pueden tener la misma seguridad con respecto a las fuerzas autonómicas, especialmente si estas están bajo dependencia de unas autoridades con una hoja de ruta independentista. Por supuesto, el hipotético recurso a estas fuerzas solo podría darse en caso de extrema necesidad.

Supóngase que el enfrentamiento y el conflicto se agudizan de forma que ni con el empleo de las fuerzas y cuerpos de seguridad del Estado es capaz este de garantizar el retorno a la situación anterior, el cumplimiento de la legalidad y, en principio, el respeto a su soberanía. En ese caso nos encontraremos ya en una situación de excepcionalidad, que la propia Constitución prevé pero como desarrollo extraconstitucional en el que la autoridad civil recurre a la legislación de excepción (los estados de excepción, alarma y sitio) que prevén distintos supuestos en los que el mando se desplaza a la autoridad militar. De llegar las cosas a este punto, esto supondría que el Estado central empleara las fuerzas armadas para impedir la independencia de Cataluña y reprimir a los independentistas.

Las fuerzas armadas arrastran una historia lamentable de intervencionismo político en España que se contiene en el calificativo del *africanismo*, de los militares. Estos, que hacían su carrera en el único frente que le quedaba abierto a España, dada la decadencia del país en el siglo XIX, el de las guerras de África, mostraban una irresistible tendencia a inmiscuirse luego en los asuntos civiles de la política patria. Y no es necesario señalar que buena medida de ese intervencionismo castrense adoptaba un tono claramente anticatalanista. Recordemos la Ley de Jurisdicciones que tratamos en el capítulo 1.

No obstante, esa tradición intervencionista y sus frecuentes manifestaciones golpistas han perdido su importancia en el último tercio del siglo XX. El ingreso del país en la OTAN ha sido determinante en este cambio de actitud. Todo el episodio de la relación entre España y la OTAN es un resumen de las contradicciones de la izquierda española. El ingreso del país en la organización tuvo lugar durante el Gobierno de Calvo Sotelo. La derecha española

(UCD y Alianza Popular), así como los nacionalistas vascos y catalanes, apoyaron el ingreso. La izquierda en su conjunto se opuso, pero no pudo impedirlo y, el 30 de mayo de 1982, menos de un año y medio después del intento de golpe de Estado militar de 1981, España accedía como miembro de pleno derecho a la organización militar. El PSOE hizo bandera de ello y, durante las elecciones de octubre de 1982, prometió que, de ganarlas, convocaría un referéndum para salir de la OTAN. Los socialistas ganaron las elecciones por amplia mayoría absoluta y comenzó un intenso debate en el país sobre la conveniencia o no de seguir en la organización militar. La dirección del PSOE cambió de opinión y, aunque mantuvo la convocatoria del referéndum y este llegó a celebrarse, el 12 de marzo de 1986, dejó libertad de voto a sus afiliados y él mismo hizo la campaña en favor de seguir en la OTAN.

La campaña del referéndum fue muy intensa. Los enemigos de la permanencia del país en la OTAN, básicamente los comunistas, otras fuerzas de izquierda y sectores importantes del PSOE, argumentaban que España rompía una tradición de neutralidad y no alineamiento y se adscribía a un bloque agresivo, principal pilar de las políticas imperialistas occidentales. Los partidarios de permanecer, entre ellos el autor de este libro, argumentaban que la política exterior de España no era neutral ni lo había sido nunca, sino claramente alineada con Occidente y con Europa, y que la permanencia en la OTAN garantizaría un comportamiento de los militares españoles más democrático y respetuoso con la idea de la supremacía del poder civil. Treinta años después, la permanencia del país en la OTAN no lo ha llevado a ninguna aventura imperialista (la criminal Guerra de Irak en 2003 fue al margen de la ONU y la OTAN) y el ejército español ha dejado de ser una fuerza política reaccionaria y un peligro para las instituciones democráticas. Y, en cuanto a su acendrado anticatalanismo, el asunto se ha apaciguado considerablemente.

Sin duda, siguen alimentando núcleos de la tradición fascista-franquista, que echó muy profundas raíces, y que se relacionan con grupos de extrema derecha a través de organizaciones legales, como la Fundación Francisco Franco, y otras ilegales. Pero ya no representan el peligro que suponían hace unos años, cuando, por ejemplo, realizaron la intentona del 23 de febrero de 1981.

Resulta muy difícil imaginar que la evolución del contencioso territorial llegara al punto de la necesidad de declarar el estado de excepción, que se vería como un evidente fracaso de la política y sería muy difícil de justificar en el contexto europeo y en la UE, en la que, sin duda, habría presiones para que España aceptara solucionar el conflicto a través de algún tipo de mediación que el Estado español trataría de evitar a toda costa, ya que lo experimentaría como una injerencia en su soberanía, y de hecho así sería, por cuanto lo más probable es que, de darse dicha mediación, lo primero que los mediadores exigirían sería la realización de ese referéndum que el Estado español se ha negado siempre a realizar.

Por todo lo anterior, es de suponer que las autoridades españolas harán lo posible por evitar llegar a estos escenarios de obligar al cumplimiento de la legalidad y la aplicación de la soberanía mediante el uso de la fuerza armada, bien por la vía policial bien por la vía militar. Para ello activará de preferencia la vía de los tribunales y procederá a *judicializar* la cuestión catalana, como suele decirse, razón por la cual remite todas las actuaciones a la jurisdicción del Tribunal Constitucional.

Ahora bien, lo que sucede es que este procedimiento tampoco es muy acertado o prometedor, no porque el Estado no lo haga, sino porque el Tribunal Constitucional no es parte del poder judicial, no es un órgano judicial en el sentido ordinario del término. El Tribunal Constitucional es, en realidad, un órgano político al que se llama *tribunal* para revestirlo de una mayor legitimidad y más peso. Podía de hecho llamarse *Consejo Constitucional*, como sucede en Francia, y se evitarían muchos equívocos, porque, en realidad, es un órgano político que, además, ni siquiera lo disimula. Siendo presidente del Gobierno Mariano Rajoy, presidente también del Partido Popular, y estando pendiente de nombramiento el del Tribunal

Constitucional, aquel no tuvo reparo alguno en nombrar para el cargo a un personaje que no solamente había colaborado estrechamente con la Fundación FAES, la fundación *think tank* del PP, sino que, de hecho, había sido militante de ese mismo partido y había ocultado este dato en su comparecencia parlamentaria, cuando los diputados habían de aquilatar sus méritos para ratificar su nombramiento. Que dicho nombramiento sea legal no quiere decir en absoluto que sea moral, sobre todo si se tiene en cuenta precisamente el hándicap del Tribunal Constitucional, obligado a actuar como un órgano del poder judicial cuando no lo es. Añádase a ello que el Gobierno se empeñó en nombrar como magistrado al juez Enrique López, otro adicto al partido de la derecha, incluso forzando los requisitos porque no reunía los de idoneidad. Poco después, este magistrado era detenido por conducción temeraria, infracción de normas de tráfico y hacerlo beodo, razones por las cuales hubo de dimitir. En estas circunstancias es imposible que el Tribunal Constitucional tenga la autoridad y la legitimidad que debiera tener en todo lo referente a Cataluña y es imposible que los independentistas catalanes se las reconozcan.

Queda claro, pues, que al derivar la cuestión al Tribunal Constitucional, el Gobierno español no está *judicializándola* sino, al contrario, *politizándola*. En resumen, las perspectivas para resolver el contencioso catalán mediante el recurso a los *poderes fácticos*, al uso de la violencia, son poco halagüeñas. Téngase asimismo en cuenta que, dado el carácter democrático, pacífico y abierto del independentismo catalán, si el conflicto ha de tomar alguna forma de confrontación, esta se articulará como una actitud de desobediencia civil tanto de la población como de las instituciones. La desobediencia civil se basa en una concepción radicalmente pacífica, no violenta, que suele gozar de buena fama, tener un elevado contenido moral y ser mucho más difícil de combatir por los medios coactivos tradicionales. La desobediencia civil es un recurso de supervivencia de las minorías estructurales frente a la tiranía de la mayoría y esa supervivencia, una vez se generaliza entre la población, es imposible de erradicar mediante el uso de la violencia.

Precisamente por todo ello y, en previsión de que pueda darse una situación de este jaez, el Gobierno del PP tramitó y aprobó con sus solos votos una reforma sustantiva del Tribunal Constitucional con el fin de cambiar su naturaleza, no para convertirlo en un órgano judicial (que no puede), sino para convertirlo en un órgano ejecutivo de sus propias sentencias. Lo ha hecho por la Ley Orgánica 15/2015, de 16 de octubre, de reforma de la Ley Orgánica 2/1979, de 3 de octubre, del Tribunal Constitucional, para la ejecución de sus resoluciones como garantía del Estado de derecho. El Tribunal puede ahora requerir a las autoridades que no cumplan sus sentencias a que lo hagan porque tienen carácter ejecutivo; puede igualmente imponer multas a quienes no obedezcan, acordar la deposición de cargos públicos y otras medidas de este jaez. Es una actitud típica del autoritarismo de la derecha: los problemas de legitimidad del Tribunal Constitucional se *resuelven* convirtiéndolo en un órgano directamente represor.

En cuanto a los otros *poderes fácticos*, no los de las armas, sino los del dinero, la banca y la patronal tienen el alma dividida con respecto a la cuestión catalana y no cabe contar con una obediencia o lealtad claramente unilateral por una de las dos partes. Obviamente, dada la forma de financiación de los partidos políticos, los bancos, que les prestan el dinero, ejercen una poderosa influencia sobre ellos, y el caso catalán no será una excepción. Los bancos son muy importantes en el funcionamiento de CDC, al extremo de que, en gran medida y durante la juventud de Jordi Pujol, este articuló su movimiento catalanista sobre la base de una organización bancaria, Banca Catalana, que habría de darle el soporte material necesario para llevar a término sus objetivos. Con posterioridad esta Banca Catalana resultó económicamente inviable en un asunto con ribetes penales de los que Pujol pudo salvarse con dificultad, y el conjunto de la actividad política en Cataluña (la nacionalista y la no nacionalista) pasó a tener las relaciones ordinarias entre la banca y las organizaciones políticas.

La clase obrera, a pesar de sus pretensiones, no se ha internacionalizado, pero el capital sí y no tiene patria. Lo que tiene es libertad de circulación y una tupida red de paraísos fiscales. Existiendo, además, la UE, en el fondo tanto le da que se mantenga España como está o se parta por Cataluña. Lo que quiere es hacer negocios. La presencia de sectores izquierdistas en el independentismo no le preocupa en mayor medida de lo que le preocupa la posibilidad de que en España haya gobiernos con partidos de izquierdas, de las viejas o de las nuevas. En definitiva, confía en que la gestión de las políticas públicas quedará en manos de los sectores políticos *moderados*. Hay dos factores que caracterizan siempre las relaciones del capital con el poder político: *a*) el capital necesita un entorno *favorable* a los negocios y eso solo lo logra sobre la base de mantener buenas relaciones con ese poder político; *b*) a su vez, el poder político está interesado en mantener también buenas relaciones con el capital, no solamente para financiar sus propias estructuras partidistas, sino para aplicar sus programas de políticas públicas sin tropezar con una actitud negativa y de boicoteo de empresarios y banqueros cuya fuerza está directamente relacionada con el alcance de los medios de comunicación que controlan.

Lo dicho para la banca vale igualmente para el empresariado. Este está lejos de tener una actitud unitaria frente al proceso independentista catalán. Por un lado y con matices, la gran empresa, agrupada en Fomento del Trabajo Nacional, es contraria a la independencia. Pero la pequeña y mediana empresa, por el contrario, es favorable a ella. En el fondo, la gran desesperación del nacionalismo español es que no consigue arrancar una declaración nítida del capitalismo sobre la unidad de España, y es que el capital es timorato, extraordinariamente precavido, y lleva muy mal pronunciarse en situaciones cuyo fin no esté predeterminado desde el principio por los costes que sabe acarrea siempre caer del lado perdedor.

Actualmente el capitalismo se organiza a base de sociedades transnacionales, sin que ningún vínculo de ningún tipo lo identifique con un país en particular. Sin duda, en aspectos concretos y momentos específicos, será importante el manejo de los símbolos nacionales y otros medios de movilización. Pero, para la cuenta de resultados, al final solo son importantes los datos empíricos que nos permitan tomar posiciones con garantías de quedar bien parados cuando se llegue a la solución final. El capital español, catalán o de otras partes del Estado, está tan en los paraísos fiscales como el de cualquier otro país y, en todo caso, se sentirá identificado con el que le garantice la mayor tasa de explotación.

Los curas

La cuestión religiosa es peliaguda. En España reina el nacionalcatolicismo y parte de la doctrina de este fue acuñada en su día por el clero catalán, dentro del cual se reclutan algunos de los ejemplares más ultramontanos del nacionalismo español. Fue el obispo de Salamanca, el catalán Enric Pla i Deniel, en su carta pastoral del 30 de septiembre de 1936, *Las dos ciudades*, con evidentes resonancias de agustinismo político, el primero en sostener que la sublevación militar de los franquistas reunía las condiciones de la «guerra justa» y que esta, antes que una guerra civil, debía considerarse una «cruzada» (Sinatra, 2004). La doctrina fue luego elaborada por el también catalán Isidre Gomà a instancias del general Franco, a través de la famosa *Carta colectiva del episcopado español a los obispos del mundo entero*, del 1 de julio de 1937, que solo cinco obispos se negaron a firmar: los de Toledo, Alicante-Orihuela, Vitoria y Tarragona (todos ellos exiliados en aquellas fechas), y el de Menorca, por entonces prácticamente moribundo. Quedaba así sentada la doctrina de que la sublevación fascista era en realidad una lucha por la recuperación de los valores católicos —y, por lo tanto, nacional-españoles— frente a las fuerzas del mal, doctrina que el resto del orbe católico aceptaría acríticamente en beneficio del general Franco.

Sin embargo, el nacionalcatolicismo es una doctrina intrínsecamente contradictoria. Es explicativa del origen de la nación (y la conciencia nacional) española pero, precisamente por eso, se entiende que España no tenga esa conciencia nacional. El catolicismo no es una doctrina nacional, sino internacionalista y cosmopolita. La Iglesia, como sociedad perfecta, no necesita del poder civil, sino es para ponerlo al servicio de su único objetivo, que es el poder y el enriquecimiento de la misma Iglesia. Se entiende así el eclecticismo de la doctrina católica, desde los primeros tiempos de la dictadura franquista, interesada únicamente en el mantenimiento de los privilegios eclesiásticos derivados de su identificación con el poder político, todo lo cual quedaría luego sellado con el Concordato de 1953. Conjuntamente con el tratado pomposamente llamado «de asistencia mutua» entre los Estados Unidos y España, y asimismo celebrado en 1953, este Concordato fue un paso esencial en la legitimación del régimen, que había sido sometido a aislamiento internacional a partir del triunfo de las potencias democráticas en la Segunda Guerra Mundial y excluido de la Organización de las Naciones Unidas por resolución de la Asamblea General de 1947, mientras todos los países cumplían con la política de aislamiento y retiraban sus embajadores.

Con el paso del tiempo y a medida que el régimen totalitario español fue relajándose, reaparecieron las tensiones nacionalistas también en el seno de la Iglesia católica española. Esta recuperación de la conciencia nacional no española fue especialmente visible en la Iglesia vasca. Parte de esta había estado enfrentada siempre al fascismo español desde el momento en que, al comienzo de la Guerra Civil, los franquistas fusilaron a catorce curas vascos. A partir de los años de 1960 comenzó a resurgir este espíritu nacionalista también entre el clero, cada vez más involucrado en las actividades de resistencia antifranquista. Por este motivo, el régimen decidió en 1968 habilitar una sección de la prisión provincial de Zamora como *cárcel concordataria*, por la que pasó casi un centenar de curas, vascos en su mayoría, entre 1968 y 1977 (Fernández Hoyos, s. d.).

Es de justicia señalar que, durante los cuarenta años de la dictadura, hubo algunas actividades de resistencia del clero, sobre todo el nacionalista. Pero ello no puede hacernos olvidar que durante el ignominioso régimen franquista, la práctica totalidad del clero y la Iglesia católica en su conjunto colaboraron activamente con la dictadura (Espinosa y García, 2014). Y no solamente en los aspectos digamos *normales*, a falta de un término mejor, sino también en los *anormales*. Con mayor claridad: disponemos de abundancia de testimonios que prueban cómo muchos curas participaron en la comisión de todo tipo de delitos (asesinatos, torturas, desapariciones, maltrato a las personas, secuestro de niños) cometidos por los falangistas, la Guardia Civil, etc., durante la guerra y en los primeros tiempos de la posguerra. Y no fue mera colaboración, sino identificación completa con la dictadura, con su programa y su propósito. La Iglesia católica fue colaboradora necesaria en aquel proyecto genocida, y en muy buena parte lo diseñó ella misma para fabricar una sociedad sumisa, aterrorizada y sometida a las concepciones sociales más retardatarias e inhumanas que cabía concebir. La dictadura del general Franco presidió un proceso de militarización y *clerificación* total de la sociedad española a través del predominio que tenían el mando militar y la jerarquía eclesiástica en todos los aspectos de la sociedad civil, desde los ritos de tránsito (bautismos, confirmaciones, procesiones, justicia a base de consejos de guerra, servicio militar, matrimonios, extremaunciones...) hasta la regimentación y censura de la vida cultural y los espectáculos, entregados al arbitrio del clero, o el mantenimiento del orden público mediante la intervención conjunta de los curas, los militares y las fuerzas policiales.

En la actualidad, la situación se ha hecho por necesidad más abierta, pero tampoco es prudente ignorar que, como institución básicamente conservadora y reaccionaria, opuesta secularmente a todos los avances sociales, la Iglesia pretende ante todo mantener el *statu quo*, en el que sale siempre beneficiada. Al comienzo de la transición, parte del clero, representado por alguna figura señera como el cardenal Tarancón, trató de hacer olvidar el pasado de colaboracionismo con la dictadura, saludando la llegada de la mermada democracia de la Constitución de 1978. No obstante, faltó tiempo al conjunto para firmar los Acuerdos de 1979, que, en realidad, prolongaban el espíritu del Concordato de 1953 y, de hecho, perpetuaban la situación de privilegio de la Iglesia en sus relaciones con el Estado, a pesar del contenido formalmente aconfesional de la citada Constitución. Desde entonces la Iglesia ha estado siempre en contra de todos los cambios sociales que han significado pasos en la emancipación de hombres y mujeres, y la recuperación de derechos de la ciudadanía. Ha estado en contra del divorcio, de la laicidad en el sistema educativo, del aborto, de la igualdad de derechos de las minorías sexuales y, por supuesto, de la legalización de los matrimonios homosexuales, a la que ha igualado demagógicamente con un ataque a la familia tradicional, cuya defensa exclusiva se arroga.

Es notorio cómo, aprovechando el acceso al poder de la derecha neofranquista con mayoría absoluta en noviembre de 2011, la Iglesia trató de revertir toda la legislación pacatamente progresista que había promulgado el anterior Gobierno socialista, singularmente el derecho de aborto y la legalidad de los matrimonios entre personas del mismo sexo. No lo consiguió en estos terrenos, pero sí en uno de los que más le importaban, la reintroducción de la religión como materia evaluable en el currículo educativo, merced a la Ley Orgánica de Mejora de la Calidad Educativa, una de las piezas más oscurantistas y retardatarias de la legislación española. Por no hablar del uso que ha hecho de la reforma de la Ley Hipotecaria de 1946 realizada en 1998 por el Gobierno de Aznar, que permitió a la Iglesia católica inmatricular y quedarse prácticamente gratis con más de 4.500 propiedades en toda España, una de las cuales, el caso más escandaloso, la Mezquita de Córdoba, que la Iglesia se ha apropiado por treinta euros. Cómo sería de descarado este expolio que la propia derecha se sintió en la obligación de ponerle fin, mediante la subsiguiente reforma de la misma Ley Hipotecaria a través de la

Ley 13/2015, de 24 de junio, de Reforma de la Ley Hipotecaria, aprobada por Decreto de 8 de febrero de 1946, para eliminar el privilegio de la Iglesia católica de inmatricular bienes mediante una certificación simple librada por ella misma (al igual que el Estado, la provincia, el municipio y las corporaciones de derecho público) y obligarla a hacerlo mediante doble título, como el resto de personas físicas o jurídicas.

Al igual que la Iglesia se ha opuesto a los avances sociales en diferentes órdenes de la vida, también lo ha hecho en cuanto al reconocimiento de los derechos nacionales de los pueblos del Estado español, a los que se ha negado siempre a reconocer, sin poder evitar, sin embargo, que en su propio seno vibrara un espíritu popular y nacionalista que buscaba las raíces con su propio pueblo y hacía frente al franquismo nacionalcatólico. En un primer momento, cuando, por ejemplo, parte del clero catalán comenzó a enfrentarse a la dictadura, no hubo más remedio que admitir y reconocer a aquellos curas el valor que tenían. Pero sin olvidar que se trataba de una lucha por la recuperación de las libertades democráticas en España, que no tenía en principio gran cosa que ver con un resurgimiento nacionalista. Así sucedió con el núcleo activo más tradicional y conocido del nacionalismo clerical, que de siempre había radicado en el monasterio benedictino de Montserrat, protagonista de alguno de los episodios más sonados de la resistencia al franquismo, como el famoso encierro de Montserrat, el 12 de septiembre de 1970, en el que 300 personas, entre ellas muchos intelectuales de renombre internacional, se encerraron en el monasterio para protestar por el proceso de Burgos. Dicho proceso era, en realidad, un consejo de guerra contra dieciséis militantes de ETA, acusados del asesinato de tres personas (entre ellas el policía franquista Melitón Manzanas) en el País Vasco. Sin embargo, en dicho encierro, además de las reivindicaciones de rigor de recuperación de las libertades democráticas y el fin de la dictadura, se aprobó un manifiesto que, entre otras cosas, pedía «un Estado auténticamente popular que garantice el ejercicio de las libertades democráticas y los derechos de los pueblos y naciones que forman parte del Estado español, incluido el derecho de autodeterminación» (http://ddd.uab.cat/pub/ppc/serinf/serinf_a1970m12d13.pdf).

Los curas hablando del derecho de autodeterminación sí eran algo nuevo.

Con el restablecimiento de las libertades democráticas, la influencia del nacionalismo católico catalán fue extendiéndose, hasta provocar una reacción del episcopado español, que, a través del secretario general de la Conferencia Espiscopal, José María Gil Tamayo, hizo saber que «poner en peligro la convivencia de los españoles negando unilateralmente la soberanía de España sin valorar las graves consecuencias que esta negación podría acarrear no sería prudente ni moralmente aceptable».[9] Como es de suponer, una interferencia de este jaez había de provocar la condigna respuesta del nacionalismo católico, que, a través de la organización Cristians per la Independència, directamente encuadrada en la Assemblea Nacional Catalana, reivindicaría el «derecho de los pueblos a la independencia», basándose en la autoridad del papa.

Poco después, la Conferencia Episcopal Española volvería a tomar posición militante frente al independentismo catalán, muy alarmada, en palabras de su presidente, el obispo Ricardo Blázquez, por «la grave situación creada por quienes, al margen y en contra de la ley, pretenden romper la unidad de España».[10] Así, la Iglesia, de acuerdo con lo que venimos defendiendo en este capítulo, está dividida. Por muy *nacional católica* que sea e, incluso, que lo sea a ambos lados del *cleavage* (pues no cabe olvidar que, como señalan

9. «El clero nacionalista se pone al servicio de Mas y pide romper con la Iglesia española», en *Libertad Digital*, 18 de diciembre de 2013. Disponible en: http://www.libertaddigital.com/espana/2013-12-18/el-clero-nacionalista-se-pone-al-servicio-de-mas-y-pide-romper-con-la-iglesia-espanola-1276506767.

10. «Los obispos, preocupados por la unidad de España y por la "tendencia al laicismo"», en *El Mundo*, 16 de noviembre de 2015. Disponible en: http://www.elmundo.es/sociedad/2015/11/16/5649d67322601dea688b45e9.html.

los nacionalistas españoles más recalcitrantes, parte del nacionalismo católico catalán hunde sus raíces en el carlismo), siendo una organización ecuménica, en el fondo, tiene tantas razones para oponerse a la independencia de España como para propugnarla.

Por eso, en buena medida, al catolicismo le ocurre lo que a los poderes fácticos, que presenta un alma dividida. La Iglesia como sociedad perfecta tiene poco que perder con una escisión de Cataluña de España. Otra cosa es lo que piensen los curas individuales, las personas concretas, educadas en el espíritu integrista y reaccionario del nacionalcatolicismo español. Para estos, para quienes, como sucede con el cardenal Cañizares, «si España dejara de ser católica, dejaría de ser España» (Cañizares, 2009), la secesión de Cataluña de España no es moralmente admisible. Pero, para la Iglesia en su conjunto, para el orbe católico, la escisión de dos territorios católicos no tiene en el fondo más trascendencia que la de dos diócesis. Es más, es que de hecho es eso, la escisión de una diócesis en dos. Y teniendo en cuenta que uno de los territorios, Cataluña, tiene un nivel de vida y riqueza superior a la media del otro, España, la separación puede ser un buen negocio, al diversificar e incrementar las fuentes de financiación, asunto este siempre de la máxima importancia para la Iglesia.

La gente y la opinión

En definitiva, los que cuentan. Las multitudes. El nacionalismo/independentismo ha echado raíces en Cataluña. La defensa de España no las ha echado en el Estado. Se da por supuesto que los españoles se opondrían a un referéndum de autodeterminación en Cataluña, pero eso está por demostrar fehacientemente, ya que nadie ha contado a los votantes ni está dispuesto a que se haga algo tan lógico.

Sin embargo, podríamos llevarnos una sorpresa si se hace algo que yo mismo propuse hace años: primero un referéndum en toda

España con una pregunta sobre si los catalanes podían ejercer su derecho de autodeterminación mediante un referéndum y tres posibles respuestas: «sí», «no», «que hagan lo que estimen oportuno». Siempre he sostenido que triunfaría la tercera opción, pero es imposible saberlo mientras persista esta cerrada actitud de bloqueo para que no haya forma de averiguar qué piensa la gente en Cataluña. En caso de victoria de las dos opciones de «sí» y «que hagan lo que estimen pertinente», cabría un referéndum unilateral en Cataluña, posibilidad que, digan lo que digan los nacionalistas españoles, ha estado siempre abierta, necesitando para ello no otra cosa que la buena voluntad de las partes, especialmente el Gobierno central.

Que esta buena voluntad no se dé indica la inquina del nacionalismo español, probablemente más renegrida y profunda cuanto que se manifiesta en una situación de absoluto ridículo, casi como de teatro del absurdo. Efectivamente, el famoso artículo 150.2 de la Constitución reza: «El Estado podrá transferir o delegar en las comunidades autónomas, mediante ley orgánica, facultades correspondientes a materia de titularidad estatal que por su propia naturaleza sean susceptibles de transferencia o delegación. La ley preverá en cada caso la correspondiente transferencia de medios financieros, así como las formas de control que se reserve el Estado». La precisión de «por su propia naturaleza sean susceptibles de transferencia o delegación» solo añade picante a la herida, porque es prácticamente imposible imaginar qué facultades *no* serán susceptibles de delegación, como no sean el nacer y el morir. Es decir, con este enunciado, sobran todas las alambicadas disposiciones acerca del reparto de competencias entre comunidades autónomas y el Estado y sobran también todas las especulaciones sobre si el artículo 92.1 o el 147.2 o cualquier otro. Si hay buena voluntad, el Estado puede delegar en la Generalitat de Catalunya la competencia para celebrar un referéndum consultivo o de cualquier índole. Basta con que quiera. Lo que sucede es que ningún partido nacionalista quiere y, como no quiere, dicen que la ley y la Constitución no lo permiten. Pero eso es falso.

De acuerdo con esta descarnada situación, ya no cabe esgrimir argumento democrático alguno, sino uno autoritario y de principio según el cual la unidad de España no puede ponerse en tela de juicio por algún criterio misterioso que quizá tenga que ver con el derecho natural o el divino. Y digo esto porque, con todos los respetos a todo el mundo, al público en general, los sectores académicos, los intelectuales, la clase política y cualesquiera poderes terrenales, decir que el argumento que se opone a ese legítimo deseo de autodeterminación de la inmensa mayoría del pueblo catalán (más del 80 %) en el artículo 2 de la vigente Constitución española no es algo que pueda tomarse en serio.

Es posible que uno de los momentos más pintorescos del mandato de Rodríguez Zapatero fuera cuando, interrogado este sobre el concepto de nación, refiriéndose a España, sostuvo que ese concepto era «discutido y discutible», con lo que consiguió echarse encima a un enfurecido Rajoy, para quien la nación española es indiscutible y debe ser indiscutida. Pocas veces habrá quedado más al desnudo la estofa de que está hecho el pensamiento autoritario de esa derecha oligárquica y nacionalcatólica española, que siempre tuvo rabia a la *manía de pensar* y se rigió por una mentalidad cerrada y dogmática que ha tratado de imponer a los demás a sangre y fuego. La de que hay cosas sacrosantas que no se pueden discutir. Ningún ser humano libre puede admitir que haya algo en el cielo o en la tierra, en el pasado, en el presente o en el futuro, en esta vida o en la otra, en el caso de que la haya, que no pueda discutirse y que no pueda someterse a la luz de la razón. Los pobres de espíritu, los esclavos felices, sí. Los hombres y mujeres que caminan erguidos, no. Ninguno de ellos admitirá jamás que exista algo que su razón no pueda escudriñar o debatir, algo que, por esencia, está al margen de todo debate racional.

Es muy curioso este nacionalismo español que se presupone a sí mismo de forma esencialista. Las mismas personas que sostienen que España es indiscutible y debe seguir siéndolo en sus dimensiones actuales por los siglos de los siglos son quienes admiten los cambios de la naturaleza estatal de muchas naciones europeas. Porque Europa es un continente cambiante. Cambian fronteras, regímenes, Estados. ¿Por qué no España? Esta es una pregunta elemental en la que piensa cualquiera que contemple la evolución política del continente sin prejuicios. Sin embargo, desde el punto de vista del esencialismo la respuesta solo puede ser «porque no». España es eterna y obligación de sus hijos sentirse orgullosos de ella y oponerse a toda merma territorial por las razones que sean.

Por cierto, habría que saber si tanto nacionalista vociferante también se opone al aumento de territorio. Y en cuanto a la merma y el orgullo y la gran nación, hay que recordar Gibraltar. Es literalmente absurdo y patético seguir proclamando *gran nación* a un país que es incapaz de recuperar para el seno nacional un peñón bajo soberanía ajena, que considera una afrenta a su conciencia nacional y que sigue presente en la lista de la ONU de territorios que no están sometidos a autogobierno.

El nacionalismo español no puede admitir ningún tipo de variación territorial en su seno porque esta atentaría contra su esencia y cuestionaría que pudiera seguir llamándose *español*. Pues ese es un problema muy serio de este nacionalismo: la falta de perfil de la nación española. Ahora bien, llegados a este punto, conviene proceder con cautela para no acabar convencidos de que, por las razones que sean, lo español tiene algún rasgo de excepcionalismo, aunque sea en cuanto a su carencia de perfil nacional. En realidad, todas las naciones tienen falta de perfil nacional porque el concepto de nación, diga lo que diga Rajoy, es cuestionable: hay obvia falta de perfil en la nación alemana, falta de perfil en la italiana, falta de perfil en la británica y también falta de perfil en la francesa. No existe perfil objetivo de nación alguna. Lo que existe es la voluntad de quienes la integran de constituir una con un perfil cambiante en el tiempo, porque las naciones son seres vivos, ya que están compuestas por seres vivos.

Y en ese hacerse, pues las naciones son producto de la voluntad, van tomando las formas que la gente, sus integrantes quieran darles. El único criterio que a nuestro juicio parece obligado respetar a toda costa es la conservación del carácter voluntario de la pertenencia a la nación. Si una nación engloba a otra a la fuerza, la obliga a ser parte de sí misma y le niega su propia condición nacional, esta, la sojuzgada, es una nación de hecho, pero no de derecho, mientras que la sojuzgadora será una nación de derecho, pero no de hecho. Solo las naciones fuertes y seguras pueden permitirse reconocer el derecho de autodeterminación de las que la componen, porque saben que, tanto si se produce la separación como si no, ellas seguirán siendo la nación originaria. Las naciones inseguras, inciertas, atemorizadas, basadas en la represión y la injusticia, no pueden permitírselo, porque la autodeterminación de las partes supondría la extinción de la nación originaria.

En el caso del contencioso de Cataluña y España, todas las opciones debieran estar abiertas y, de hecho, quieran las partes o no, lo están: autonomía, federalismo, confederación, independencia. Y, guste o no a los sectores más intransigentes del nacionalismo español, en realidad, habiendo llegado las cosas hasta aquí por la incapacidad del Estado español para buscar vías de acomodo consigo mismo, solo quedan las dos últimas opciones, de la independencia y la confederación. La continuación del sistema autonómico está ya en realidad descartada por todos los intervinientes en el conflicto, y la del federalismo, aunque vagamente propuesta por una de las partes, el nacionalismo español socialista, tiene escasas posibilidades de materializarse por tres razones: *a*) falta de aceptación del nacionalismo español de derechas; *b*) falta de interés del nacionalismo catalán, que prefiere fórmulas más avanzadas; *c*) falta de capacidad del nacionalismo español socialista para articularla de modo creíble.

Solamente quedan la confederación y la independencia. La confederación (una especie de federación pero mucho más laxa, con la soberanía de las partes prácticamente intacta), que podría ser una fórmula atractiva para algunos, tropieza con un inconveniente que es esencial en este conflicto, y es el hecho de que el independentismo catalán es republicano, lo cual plantea el problema de la incompatibilidad constitucional y vital entre la república y la monarquía. Es decir, aquí ya no se trata solamente de un pleito por la soberanía, sino también por la forma de Estado.

Los nacionalistas españoles más dialogantes, aquellos que no consideran la posibilidad de seguir imponiendo por la tradición y la fuerza el nacionalismo español a las otras naciones del Estado, esgrimen como fórmula de acuerdo y acomodo la teoría del patriotismo constitucional (*Verfassungspatriotismus*), que fue primeramente enunciada por Dolf Sternberger en los años cincuenta del siglo XX y luego recogida y desarrollada por Jürgen Habermas en los años ochenta y noventa para legitimar la aceptación de una República Federal de Alemania después de la unificación. Esta teoría estaba pensada para una situación justamente inversa a la española. Aquí no sucede como sucedía en Alemania, en donde había dos Estados y una nación, sino al revés, hay dos (o más) naciones y un Estado. El patriotismo sería constitucional y, como tal, quería verse más en la línea del nacionalismo liberal, ilustrado, a la francesa, frente al siempre sospechoso nacionalismo alemán, más sentimental. Pero la lealtad seguía pidiéndose a la nación y no al Estado, mientras que en España, al revés, se pretende pedir la lealtad al Estado —en aplicación de ese criterio racionalista de patriotismo— frente a la nación. Y no es lo mismo, ni mucho menos. Y no lo es porque, en la medida en que el Estado es una *asociación* y no una *comunidad* (ambas en el sentido de Tönnies), requiere una lealtad interesada, pero no emotiva. Es algo parecido a lo que sucede con la disyuntiva entre monarquía y república, que, como hemos visto en este libro, late asimismo en el fondo del contencioso entre la nación española y la catalana.

Esa disyuntiva monarquía/república se ha saldado en España en sentido favorable a la primera entre el descontento de amplios sectores sociales, pero con el apoyo de los dos partidos dinásticos, mayoritarios. Su situación no es rozagante. La falta de legitimidad de la monarquía no viene provocada solamente por el comportamiento moralmente (y quizá también penalmente) reprochable de algunos de sus representantes, como el exrey Juan Carlos I, la infanta doña Cristina o su marido, Iñaki Urdangarin, o la tía del monarca, la infanta Mercedes, sino que viene movida ya desde su origen, puesto que la Corona de los Borbones, que nunca se ha caracterizado por su sentido nacional-español, por mucha fraseología de «sacrificios por la patria» que viene usando desde los tiempos del rey felón Fernando VII, fue restaurada por un acto del dictador Francisco Franco en uso omnímodo de sus poderes. Franco se saltó la legitimidad dinástica y obligó al nuevo rey a jurar fidelidad a los principios del Movimiento Nacional, o sea, al remedo de Constitución de la dictadura. A esta ilegitimidad de origen, la monarquía borbónica ha añadido luego una reiterada ilegitimidad de ejercicio en el reinado de Juan Carlos I, que, en una de sus tropelías, se vio obligado a una vergonzosa petición de disculpas ante sus súbditos.

En esa situación, no es de extrañar que el apoyo popular a la monarquía tenga tantos altibajos. Por eso, la connivencia de los dos partidos dinásticos en respaldar la forma monárquica de Estado no es más que un intento desesperado por salvar los restos del naufragio de la tercera Restauración. La cuestión de la monarquía/república al día de hoy es decisiva y quien diga que *no toca* está tratando de impedir una salida razonable a la crisis de régimen que vive España. En este campo es pertinente, una vez más, la disyuntiva entre la izquierda y la derecha. Para la derecha tradicional, la permanencia de la monarquía no ofrece lugar a dudas. Para la izquierda, el asunto es muy distinto. La izquierda ha sido siempre republicana en España. Para los socialistas más conservadores y hasta reaccionarios, la actitud del PSOE se ha identificado siempre con la escurridiza fórmula de la *accidentalidad de las formas de gobierno*. Con esta teoría, típica de la casuística jesuítica, la derecha gilroblista durante la República quería hacerse perdonar su deseo de gobernar en la República. Para los socialistas conservadores, la cuestión es la inversa: con esta teoría tratan de justificarse para gobernar no en una forma de Estado republicana, como corresponde a sus principios, sino en una monárquica.

Parece claro que los políticos han prescindido aquí de su función de liderazgo. Pero, del otro lado del tablero, no encontramos en el Estado español una clara multitud inteligente que sea capaz de marcarles un camino, mostrarles una decisión en busca de un objetivo de interés general. Ninguna tendencia o fuerza política en España tiene iniciativa alguna ni muestra un futuro cualitativamente distinto de la perpetuación de un presente hecho de alienación, resignación, corrupción y abatimiento.

Únicamente en Cataluña, allí en donde la oposición a un régimen caduco e incompetente se ha territorializado y ha sido capaz de articular un programa positivo, constructivo de construcción nacional, se ha dado este impulso. La conjunción entre un anhelo de liberación sostenido por una gran movilización nacional, con la acción vertebradora de las instancias de la sociedad civil y la orientación de las autoridades que, siendo impulsadas por las multitudes inteligentes, también las dirigen, han marcado un objetivo al que orientar la acción.

La república catalana que está por nacer.

Bibliografía

ANDERSON, Benedict Richard O'Gorman. *Imagines communities: reflections on the origin and spread of nationalism* (Ed. revisada y ampliada). Londres: Verso, 1991.

AZNAR, José María. *La segunda transición.* Madrid: Espasa-Calpe, 1995.

BARCELÓ, Mercè. «Reconocimiento y construcción del derecho a decidir en el sistema constitucional español», en VV. AA. 2015, pp. 91-121.

BEL, Germà. *Anatomía de un desencuentro. La Cataluña que es y la España que no pudo ser.* Barcelona: Destino, 2013.

BOIX PALOP, Andrés. «La rigidez del marco constitucional español respecto del reparto territorial del poder y el proceso catalán de "desconexión"», en CAGIAO CONDE y FERRAIUOLO, 2016, pp. 11-61.

BOSCH, Alfred. *Como amigos. La independencia de Cataluña interesa a los españoles.* Barcelona: Galaxia Gutenberg, 2014.

BUTLER, Judith. *Notes Toward a Performative Theory of Assembly.* Londres: Harvard University Press, 2015.

CAGIAO CONDE, Jorge y FERRAIUOLO, Gennaro (Coords.). *El encaje constitucional del derecho a decidir.* Madrid: Los libros de la Catarata, 2016.

CALVO SOTELO, Leopoldo. *Memoria viva de la transición.* Barcelona: Plaza y Janés, Cambio 16, 1990.

CANDELAS CANDELAS, Miguel. *Cómo gritar Viva España desde la izquierda.* Madrid: Bibliolibro, 2014.

CAÑIZARES, Cardenal. «Si España dejase de ser católica, dejaría de ser España», en *ABC*, 29 de enero de 2009, disponible en: http://www.abc.es/20090129/nacional-sociedad/canizares-espana-dejase-catolica-20090129.html.

Castells, Manuel. *La era de la información. Vol. 2: el poder de la identidad.* Madrid: Alianza, 1997.

— (2006). *La Sociedad Red: una visión global.* Alianza Editorial.

— (2009). *Comunicación y poder.* Madrid: Alianza Editorial.

Castro, Liz (Ed.). *¿Qué le pasa a Cataluña?* Ashfield, MA: Catalonia Press, 2013.

Centelles i Portella, Josep. *Entender Cataluña. Por qué tantos catalanes quieren un Estado propio.* Barcelona: Octaedro, 2014.

Cercas, Javier. «Democracia y derecho a decidir», en *El País*, 13 de septiembre de 2013, disponible en: http://elpais.com/elpais/2013/09/13/eps/1379095000_774993.html.

Chirbes, Rafael. *El novelista perplejo.* Barcelona: Anagrama, 2002.

Christakis, Nicholas A. y Fowler, James H. *Conectados, el sorprendente poder de las redes sociales y cómo nos afectan.* Madrid: Taurus, 2010.

Clotet, Núria y Fexas, Jordi. *Súmate. Cuando todos contamos.* Barcelona: La Campana, 2014.

Corretja Torrens, Mercè. «El fundamento democrático del derecho de los catalanes a decidir», en Cagiao Conde y Ferraiuolo, 2016, pp. 62-81.

Cotarelo, Ramón. *La desnacionalización de España. De la nación posible al Estado fallido.* Valencia: Tirant Lo Blanch, 2015.

Cotarelo, Ramón y Olmeda, José Antonio (Comps.). *Ciberpolítica. Las nueva formas de acción y comunicación políticas.* Madrid: Centro de Estudios Políticos y Constitucionales, 2015.

Espinosa Maestre, Francisco y García Márquez, José María. *Por la religión y la patria. La Iglesia y el golpe militar de julio de 1936.* Barcelona: Crítica, 2014.

Fernández, David y Jòdar, Julià de. *CUP. Viaje a las raíces y razones de las Candidaturas de Unidad Popular.* Madrid: Capitán Swing, 2016.

Fernández Aguilà, Ricardo. *Un Fernandes entre banderas. Cuando ser catalán y español es una apuesta posible.* Barcelona: Península, 2014.

Fernández Hoyos, Francisco. «La cárcel concordataria de Zamora: una prisión para curas en la España franquista», (s. d.) disponible en: http://centresderecerca.uab.cat/cefid/sites/centresderecerca.uab.cat.cefid/files/comunicIII-5.pdf.

Fernández-Sevilla, Julio. «Un maestro preterido: Elio Antonio de Nebrija», en *Thesaurus.* Boletín del Instituto Caro y Cuervo, 1974. Nº 1. Tomo XXXIX.

Ferraiuolo, Gennaro. «Tribunal constitucional y cuestión nacional catalana. El papel del juez constitucional español. Entre la teoría y la práctica», en Cagiao Conde y Ferraiuolo, 2016, pp. 110-141.

Ferrer i Gironès, Francesc. *Catalanofòbia. El pensament anticatalà a través de la Història.* Barcelona: Edicions 62, 2001.

Gil, Olga. «Instituciones, empresas, y personas: ¿qué cambia en la era de las redes digitales?», en Cotarelo y Olmeda 2015.

González, Felipe. «Cada vez soy menos nacionalista», en *La Sexta*, 29 de enero de 2014, disponible en: http://www.lasexta.com/programas/salvados/felipe-gonzalez-cada-vez-soy-menos-nacionalista_201401295726d4fc4beb28d446028a97.html.

— (2015a). «Yo nunca encontré la identidad nacional andaluza». *ABC Andalucía*, 1 de octubre, disponible en: http://sevilla.abc.es/andalucia/20151001/sevi-felipe-gonzalez-andalucia-201509302048.html.

— (2015b). «Stalin autodeterminó a millones de soviéticos a Siberia», en *eldiario.es,* 23 de septiembre, disponible en: http://sevilla.abc.es/videos-espana/20150930/gonzalez-sobre-identidad-estatuto-4520897805001.html.

Hallin, Daniel y Mancini, Paolo. *Sistemas mediáticos comparados.* Barcelona: Hacer Editorial, 2008.

Hessel, Stéphane. *Indignez-vous!* París: Indigène éditions, 2010.

Iglesias Turrión, Pablo. *Una nueva Transición, materiales del año del cambio.* Madrid: Akal, 2015.

Institut de Ciències Polítiques i Socials (1911). *Anuari polític de Catalunya*. Barcelona: ICPS, 1911.

Juderías, Julián. *La leyenda negra*. Madrid: Editora Nacional, 1974.

López, Javier. *Más allá de Podemos. Veinte cartas de un inconformista frente a los cantos de sirena del populismo*. Madrid: Sekotia, 2015.

López, Jaume. «El derecho a decidir: el principio democrático en el siglo xxi», en VV. AA., 2015, pp. 19-40.

Luhmann, Niklas. *Die Gesellschaft der Gesellschaft*. Frankfurt: Suhrkamp, 1997.

Mas, Artur. «Cataluña es quien más contribuye al PIB y el que tiene menos dotación de infraestructura», en *Afirmaba.com*, 27 de febrero de 2013, disponible en: http://www.afirmaba.com/inicio/artur-mas-cataluna-es-el-territorio-que-mas-contribuye-al-pib-y-el-que-tiene-menos-dotacion-de-infraestructura-publica-2.

— (2014). «El concepto de independencia lo veo anticuado y un poco oxidado», en *elplural.com*, 22 de julio, disponible en: http://www.elplural.com/2014/07/22/artur-mas-en-2002-el-concepto-de-independencia-lo-veo-anticuado-y-un-poco-oxidado.

Mateo Regueiro, Estela (Dir.). *Hasta luego, Pablo. Once ensayos críticos sobre Podemos*. Madrid: Los libros de la Catarata, 2015.

Morán, María Luz (Coord.). *Actores y demandas en España. Análisis de un inicio de siglo convulso*. Madrid: Los libros de la Catarata, 2015.

Nadal, Jordi. *El fracaso de la revolución industrial en España: 1814-1913*. Barcelona: Ariel, 1977.

Nebrija, Elio Antonio de. *Gramática de la lengua castellana*. Madrid: Editorial Centro de Estudios Ramón Areces, 1989.

Ortega Carcelén, Martín. «El derecho a decidir no existe», en *El País*, 16 de octubre de 2014, disponible en: http://elpais.com/elpais/2014/10/10/opinion/1412946101_991126.html.

Partal, Vicent. *9-N. Història secreta d'una votació revolucionària*. Barcelona: RBA, 2015.

Pastor, Jaime. *Los nacionalismos, el Estado español y la izquierda*. Madrid: La oveja roja. Colección Viento Sur, 2012.

— (2014). *Cataluña quiere decidir. ¿Se rompe España? Diez preguntas sobre el derecho a decidir*. Barcelona: Icaria.

Popper, Nathaniel. «After Crisis, Iceland Holds a Tight Grip on Its Banks», en *The New York Times*, 15 de enero de 2014, disponible en: http://dealbook.nytimes.com/2014/01/15/after-crisis-iceland-holds-a-tight-grip-on-its-banks.

Pros-Roca, Roser. *20 converses sobre la indepèndencia de Catalunya*. Maçanet de la Selva: Gregal, 2014.

Puigdemont, Carles. «Queremos un Gobierno que dialogue y negocie, lo que no ha hecho el actual», en *Expansión*, 4 de abril de 2016, disponible en: http://www.expansion.com/catalunya/2016/04/04/570210cb46163f63458b4640.html.

Rheingold, Howard. *Smart mobs. The Next Social Revolution*. Cambridge, MA: Basic Books, 2002.

Ridao, Joan. *El derecho a decidir. Una salida para Cataluña y España*. Barcelona: RBA, 2014.

Rodotà, Stefano. *El derecho a tener derechos*. Madrid: Trotta, 2014.

Romero, Juan y Furió, Arturo. *Historia de las Españas*. Valencia: Tirant Lo Blanch, 2016.

Rubio Llorente, Francisco. «Un referéndum para Cataluña», en *El País*, 8 de octubre de 2012, disponible en: http://elpais.com/elpais/2012/10/03/opinion/1349256731_659435.html.

Sánchez Cuenca, Ignacio. «La derechización de los intelectuales españoles», en *El País*, 24 de mayo de 2009, disponible en: http://elpais.com/diario/2009/05/24/opinion/1243116011_850215.html.

Sinatra, Chiara. «La Spagna cattolica contro *los hijos de Caín*. Schieramento dottrinale e allineamento linguistico e letterario di alcune lettere pastorali agli inizi della guerra civile», AISPI, Centro Virtual Cervantes, 2004. Disponible en: http://cvc.cervantes.es/literatura/aispi/pdf/19/I_33.pdf.

Taibo, Carlos. *Sobre el nacionalismo español*. Madrid: Los Libros de la Catarata, 2014.

Tímermans, Asís. *¿Podemos?* Madrid: Última Línea, 2015.

Torreblanca, José Ignacio. *Asaltar los cielos. Podemos o la política después de la crisis.* Barcelona: Debate, 2015.

Trapiello, Andrés. *Las armas y las letras. Literatura y Guerra Civil (1936-1939).* Barcelona: Destino, 2010.

Varela, Francisco y Maturana, Humberto. *De máquinas y seres vivos: Una teoría sobre la organización biológica.* Santiago de Chile: Editorial Universitaria, 1995.

Vidal, Pau. *Manual del procés. Vocabulari imprescindible de combat.* Barcelona: Angle Editorial, 2015.

Vidal-Folch, Xavier. *¿Cataluña independiente?* Madrid: Los Libros de la Catarata, 2013.

— (2014). *Cataluña ante España.* Madrid: Los Libros de la Catarata.

Vilajosana, Josep M. «Ponderación de principios jurídicos y derecho a decidir», en VV. AA., 2015, pp. 67-90.

VV. AA. *El derecho a decidir. Teoría y práctica de un nuevo derecho.* Barcelona: Atelier, libros jurídicos, 2015.

Zaragoza Pelayo, Rafael. «Los intelectuales y la Guerra Civil», en *La ilustración liberal,* 2013, núm. 55, primavera, disponible en: http://www.ilustracionliberal.com/55/los-intelectuales-y-la-guerra-civil-rafael-zaragoza-pelayo.html.

El equipo de la cooperativa SOM Ara agradecemos el tiempo que has dedicado a la lectura de esta obra y te animamos a compartir tu opinión con nuevos lectores y hacernos llegar tus sensaciones por medio de las redes sociales. Tus comentarios dan sentido a nuestro trabajo y nos ayudan a impulsar más lejos cada nueva propuesta editorial.

#LaRepublicaCatalana